DESCOPERĂ-ŢI AMINTIRILE ASCUNSE ŞI ADEVĂRATUL EU

Dr Menis Yousry

Traducere din engleză de
Alexandra Macsim

LifeStyle
PUBLISHING

EDITORI:

Silviu Dragomir
Vasile Dem. Zamfirescu
Magdalena Mărculescu

DIRECTOR:

Crina Drăghici

REDACTOR:

Mihaela Ionescu

DESIGN:

stevenwilliams.org.uk

DIRECTOR PRODUCȚIE:

Cristian Claudiu Coban

DTP:

Florin Paraschiv

CORECTORI:

Rodica Petcu
Duşa Udrea-Boborel

Descrierea CIP a Bibliotecii Naționale a României
YOUSRY, MENIS
Descoperă-ți amintirile ascunse şi adevăratul eu / Menis Yousry;
trad.: Alexandra Macsim. — Bucureşti:
Life Style, 2015
ISBN 978-606-8566-48-1

I. Macsim, Alexandra (trad.)

159.9

Titlul original: DISCOVER YOUR HIDDEN MEMORY & FIND THE REAL YOU
Autor: Dr. Menis Yousry

Lifestyle Publishing face parte
din Grupul Editorial Trei

O.P. 16, Ghişeul 1, C.P. 0490, Bucureşti
Tel.: +4 021 300 60 90 ;
Fax: +4 0372 25 20 20
e-mail: comenzi@edituratrei.ro

www.lifestylepublishing.ro

ISBN 978-606-8566-48-1

Această carte este o explorare a conştiinţei umane; cum să schimbăm ceea ce credem că suntem şi cum să devenim cine suntem cu adevărat.

Informaţiile oferite în această carte nu trebuie văzute ca un substitut pentru sfatul medical profesionist. Consultaţi mereu un medic practicant. Intenţia autorului este doar de a transmite informaţii de natură generală pentru a vă ajuta să ajungeţi la o stare de bine, pe plan emoţional şi spiritual. Cititorii vor folosi informaţiile din această carte pe propria răspundere. Nici autorul şi nici editura nu poartă nicio responsabilitate pentru eventualele pierderi sau prejudicii provocate de folosirea greşită a sugestiilor făcute în această carte ori prin nerespectarea recomandării de a cere sfatul medicului.

Copiilor mei, James și Russha

Cuprins

Mulţumiri

Aş dori să le mulţumesc următoarelor persoane pentru că m-au ajutat la scrierea acestei cărţi: Sukhy Loyal, Daphne Trotter, Natalia Nikolova, Milena Nenkova, Graham Edwards şi doctor John Briffa.

Lui Naomi Fowler îi sunt recunoscător pentru susţinerea şi dedicarea ei în editarea cărţii. Lui Ben Brophy, pentru că m-a inspirat să scriu această carte prin seriozitatea şi mai ales prin pasiunea lui de a împărtăşi tuturor înţelepciune şi cunoaştere.

De asemenea, doresc să le mulţumesc următoarelor persoane pentru că m-au susţinut de-a lungul anilor:

John Duggan, Jon Walsh, Terry Tillman, Mike Conner, Jacob Handelman, Desislava Dare, Poliksena Kostova, Jennifer Evans, Asia Dimitrova, Yvette Nagy, Sági Miklós, Dina Nikolits, Graham Edward, Judit Berki, Diana Karabinova, Will Skaskiw, Jean Crawford, Marian Ingleby, Zoltán Disznós, Adrian John Oliver, doctor Amal Treacher, Andy Metcalf, doctor Barry Mason, Delia şi Simon Gray, Ely Varghai, Erika Balogh, Grant Stapelton, Isabel Losada, Linda Julian, Michael şi Marcelle Lawson, Paul Higgs, Sam Westmacott, Sarah Brooking, Sarah Haigh, Siobhan Soraghan, Steve Nobel, Boriana Racheva, Rumyana Peneva, Fidanka Chingova, Ben Gabbitas, Peter Goryalov, Andy Morse, Delyan Zagaryov, Janet Parker, Graham Hadley, Merrel Gering, Leon Norell, Sir Ralph Halpern şi Helen Harnden.

Doresc să le mulţumesc următoarelor persoane care au fost alături de mine în a introduce şi promova munca mea în

România, şi nu numai: Gabor Kerekes, Zsuzsa Kerekes, Julianna Perge, Piroska Toro, Monica Ion, Ştefan Irimia, Eva Ion, Paula Şipoş, Cătălina Poiană, Gabriela Coman, Timea Palko, Anca Pîrvu, Emanuel Nechita, Corina Nechita, Carmen Anton, Răzvan Anton, Luana Ibacka, Mihaela Andoni, Gabriela Domniţa, Barna Bende, Kinga Bende, Lorand Laszlo, Rossen Antonov, Elena Tănase, Călin Oancea, Diana Radu, Simona Sferle şi Zsolt Makkai.

Prefață
O călătorie în conștiința umană

Această carte vă va purta într-o călătorie de explorare în propria conștiință și vă va arăta cum a fost ea modelată de primele experiențe prin care ați devenit persoane conștiente de sine. Conștiința voastră prinde contur chiar dinainte de a vă naște și se dezvoltă pe parcursul copilăriei, prin relația cu părinții voștri, cu originile voastre, cu generațiile trecute, cu mediul înconjurător și cultura voastră. Călătoria aceasta vorbește despre toate undele puternice și invizibile de influență pozitivă sau negativă care ne dirijează viețile și despre felul în care se combină acestea pentru a ne ajuta să înțelegem cum ne percepem pe noi înșine ca ființe umane. Este o călătorie despre cum aceste experiențe se interconectează și ne leagă de trecutul și de prezentul nostru, conturându-ne în acest fel viitorul.

Deseori, aceste unde de influență determină dinamici ascunse, care au în spate probleme nerezolvate, credințe, experiențe dureroase și circumstanțe neobișnuite, pe care nu le-am înțeles pe deplin în trecut. Ele sunt stocate în memoria noastră inconștientă, ascunse de mintea conștientă și ne influențează puternic percepția prezentă asupra lumii. De asemenea, ele sunt consolidate cu consecvență atunci când, în mod inconștient, atragem în viața noastră situații și circumstanțe similare.

Când spunem conștiință umană, spunem desăvârșire. În dorința noastră de a completa și de a vindeca aceste experiențe incomplete și dureroase din trecut, ele devin modele ce se repetă. De multe ori, continuă să se manifeste în viețile noastre doar pentru că încă nu le-am înţeles. Ele sunt tipare nerezolvate care se tot aplică, în ciuda încercărilor noastre de a găsi o soluţie şi de a încheia acest proces.

Explorându-ne amintirile ascunse putem căuta o modalitate de a schimba ceea ce credem că suntem, pentru a deveni cine suntem cu adevărat; cu alte cuvinte, putem învăţa cum să trăim conştient *acum*, aşa cum suntem cu adevărat. Aceasta este o călătorie în inima şi sufletul vostru pentru a căuta pacea şi pentru a găsi vindecarea prin explorarea a ce înseamnă să fii om — ca adult sau copil, în cadrul unei familii sau al unei societăţi. În plus, este o călătorie despre ceea ce înseamnă să fii om într-o lume pe care o percepem a fi parţial reală, parţial iluzorie şi într-un univers construit de noi înşine.

Cea mai dificilă provocare este să explorăm capacitatea de a descoperi, de a scoate la suprafaţă şi, nu în ultimul rând, de a observa toate aceste dinamici ascunse din interiorul nostru, din familiile noastre, din cultura noastră, astfel încât să dezvăluim tiparul intern al realităţii şi modul în care am perceput, până acum, lumea. Ajungând la înţelegerea noastră profundă ca fiinţe, ne vom explica de ce avem tendinţa de a repeta mereu aceleaşi situaţii sau de a încerca şi eşua repetat să creăm opusul lor.

În demersul descoperirii amintirilor noastre ascunse şi, în cele din urmă, în încercarea de a ne dezvălui pe noi înşine, avem în vedere tiparele formate de conexiunile neurologice din creierele noastre şi felul în care originile şi generaţiile dinaintea noastră ne fac să ne raportăm la cultura noastră şi la locul pe care-l ocupăm în lume. Aceste cunoştinţe ne vor conduce spre conştientizarea profundă a propriei persoane şi vieţi şi ne vor ajuta să eliminăm alte neplăceri viitoare şi să avem succes. Cheia acestei transformări este să găsim pacea încercând să ne înţelegem pe noi înşine, ca fiinţe umane într-un univers care se deschide în faţa ochilor noştri.

Libertatea adevărată vine din interiorul nostru şi nu depinde de ceilalţi. Ne putem extrage din capcana de a ne vedea doar ca un produs al trecutului (şi al modului în care ne influenţează prezentul). Oamenii care vorbesc tot timpul despre căutarea libertăţii sunt deseori captivi în închisoarea propriului trecut şi încearcă să evadeze din ceva ce nu mai există, de fapt.

Găsirea amintirilor ascunse

Informaţiile din această carte provin din multe surse şi s-au îmbogăţit graţie interesului şi experienţei mele în domenii legate de potenţialul uman, schimbările sociale, cultură, psihologie, artă, psihoterapie, spiritualitate şi cercetare academică. O parte dintre aceste informaţii au ieşit la iveală în timpul cercetărilor mele asupra memoriei, a creierului şi biologiei. Toate aceste discipline sunt esenţiale şi foarte relevante pentru înţelegerea amintirilor noastre ascunse. Totuşi, studiul memoriei şi al creierului este extrem de complex, aşa că am încercat să prezint într-un mod cât mai simplu şi uşor de înţeles datele complicate şi foarte tehnice, mai ales că o explicaţie completă a tuturor detaliilor depăşeşte scopul acestei cărţi. Atunci când menţionez creierul sau anumite părţi cerebrale, trebuie să aveţi în vedere faptul că există mult mai multe date legate de acest subiect, care evoluează constant, la fel cum, de exemplu, computerele evoluează din punct de vedere tehnologic. În câţiva ani, vom şti chiar mai multe despre creier şi despre cum ne influenţează el comportamentul. O mare parte dintre celelalte informaţii din această carte provin din revelaţiile personale şi din munca mea cu oamenii în sfera terapeutică, în timpul cursurilor din cadrul Fundaţiei Essence, precum şi de la multe persoane care m-au inspirat în încercarea de a mă înţelege pe mine însumi.

Este important ca voi să ştiţi că nu trebuie să credeţi tot ceea ce citiţi în această carte. Şi când spun asta, mă refer la faptul că este esenţial ca voi să trageţi propriile concluzii în legătură cu ceea ce găsiţi în aceste pagini şi să vă încredeţi în propria intuiţie şi în experienţele voastre. În mod automat, vă veţi da seama ceea ce se aplică şi în cazul vostru. Cunoştinţele noastre sunt întotdeauna limitate pentru că evoluăm în mod constant, iar această carte vă oferă mijloacele cu care puteţi explora înţelepciunea şi vindecarea interioară prin cunoaştere îmbogăţită, reflecţie şi intuiţie şi vă oferă posibilitatea de a face schimbări în viaţa voastră. Această carte nu oferă însă o *metodă* de vreun anumit fel, în afară de cea care funcţionează prin meditaţia profundă asupra noastră înşine. Mulţi au încercat în zadar să folosească *metode* sau *sisteme* pentru a aduce schimbări în viaţa lor. Metodele ne pot distrage de la ceea ce se întâmplă acum şi aici. Cu toate că suntem programaţi să credem că până la urmă putem rezolva orice problemă făcând ceva în legătură cu ele, ne găsim totuşi căutând şi sărind de la o *formulă, un profesor* sau *secret* la altele. În mod inevitabil, aceste metode de a căpăta înţelegerea de sine sunt soluţii temporare şi nu ajung în profunzimea fiinţei noastre pentru a produce efecte de lungă durată.

Această carte nu este un ghid de self-help sau un substitut al înţelepciunii voastre; este un îndemn şi un mesaj de amintire a faptului că puteţi trăi viaţa de zi cu zi pe deplin conştienţi de sine.

De fapt, este o aducere aminte a CEEA CE VOI ŞTIŢI DEJA.

Partea I

Conflictul dintre ceea ce intenţionăm şi ceea ce reuşim să facem

Introducere

Suntem reflexia convingerilor noastre

Esenţa modului prin care ajungem să ne cunoaştem pe noi înşine se bazează pe echilibrul perfect dintre lumea sentimentelor noastre interioare, profunde şi acţiunile noastre exterioare. Discrepanţa misterioasă dintre aceste două lumi — acţiunile noastre şi cum am fi vrut să acţionăm de fapt — se îmbină cu procesele interioare ce dau culoare emoţiilor noastre şi ne influenţează procesul de luare a deciziilor şi acţiunile; pentru noi, ele pot fi constructive sau distructive.

Fiecare dintre noi îşi doreşte sănătate, bogăţie, relaţii bune cu ceilalţi şi fericire. Mulţi învăţaţi şi la fel de multe cărţi vorbesc despre potenţialul nostru de a dobândi tot ceea ce ne dorim în viaţă. Chiar dacă am putea să-i credem — în mod conştient şi logic —, putem fi dezamăgiţi văzând că nu dobândim tot ceea ce vrem de la viaţă şi continuăm să ne luptăm pentru a ne îndeplini visurile. Chiar mai frustrant de atât, putem descoperi că relaţiile noastre, comunicarea şi interacţiunile cu ceilalţi nu se potrivesc cu intenţiile noastre oneste şi cu dorinţele noastre profunde.

Cu toţii avem conversaţii în care, de multe ori, nu spunem lucrurile pe care intenţionăm să le spunem la momentul respectiv. În timp, acest lucru poate duce la nesiguranţă, pe măsură ce ne dăm seama că gândurile noastre erau corecte dar nu puteam acţiona, chiar dacă ştiam în sufletul nostru ce voiam să spunem sau să facem cu adevărat.

De câte ori nu ne spunem nouă înşine că nu vom mai face niciodată un anume lucru şi totuşi îl repetăm? De câte ori nu ni se întâmplă să ne enervăm sau să acţionăm defensiv şi apoi să regretăm ceea ce am spus? Chiar dacă, în acel moment, ştim că ceea ce facem sau spunem nu este corect, continuăm să acţionăm în acel mod. De câte ori nu ne-am ignorat oare vocea interioară? De câte ori nu am reacţionat într-un fel care ne-a făcut să nu ne mai plăcem pe noi înşine?

Am putea fi scuzaţi pentru că am ajuns la concluzia că suntem alcătuiţi din mai multe părţi; ceea ce înseamnă că există un conflict între viziunea noastră despre lume şi despre ceilalţi şi reacţiile noastre la experienţele trăite în fiecare zi, în relaţia cu oamenii. Răspunsurile noastre la aceste experienţe nu se conformează realităţii personale. Acesta este misterul pe care descoperirea amintirilor ascunse vă poate ajuta să-l dezlegaţi.

Programarea iniţială

Primul pas este să începem să ne dăm seama că programarea la care suntem supuşi în primii ani de viaţă poate declanşa schimbări pe care vrem să le facem mai târziu. De multe ori nu înţelegem de ce avem parte de rezultate negative şi de ce nu reuşim să ne atingem potenţialul nostru maxim. Ba mai mult, putem cădea în capcana de a da vina pe alţii pentru eşecurile noastre sau de a le pune pe seama ghinionului sau a circumstanţelor, fără să conştientizăm că noi suntem creatorii rezultatului pe care l-am obţinut (sau nu). Adevărul este că, de fapt, ne sabotăm singuri prin credinţele noastre inconştiente şi conflictuale care contrazic ceea ce ne dorim cu adevărat.

În adâncurile inconştientului nostru, timpul şi tradiţia cântăresc greu şi ne trag într-o anumită direcţie. Până la o anumită limită, mintea conştientă se poate controla şi ghida singură în prezent, dar, în mintea inconştientă, problemele nerezolvate, constrângerile, superstiţiile, viciile şi fricile stau în aşteptare, pulsează, influenţând şi dictând emoţiile noastre, aşadar şi comportamentul nostru. Acestea pot scoate la iveală tocmai opusul dorinţelor şi viselor noastre conştiente.

Acest mister îşi are rădăcinile în spaţiul necunoscut dintre acţiunile şi intenţiile noastre. Esenţa modului prin care ajungem să ne cunoaştem pe noi înşine se bazează pe echilibrul perfect dintre lumea sentimentelor noastre interioare, profunde şi acţiunile noastre exterioare. Discrepanţa misterioasă dintre aceste două lumi — acţiunile noastre şi ceea ce am intenţionat, de fapt — se îmbină cu procesele interioare care dau culoare emoţiilor noastre şi ne influenţează procesul de luare a deciziilor şi acţiunile; pentru noi, ele pot fi constructive sau distructive.

Călătoria noastră începe prin stabilirea unei conexiuni între gândurile noastre şi sentimentele profunde inconştiente. Accentul se pune pe sentimente, pentru că ele reprezintă energia ce ne animă comportamentul. Explorând toate aceste limitări, putem descoperi cum să dezvoltăm modalităţi mai eficiente de a trăi şi de a dobândi ceea ce ne dorim de la viaţă.

Conflictul dintre intenţie şi acţiune

Să începem cu explorarea momentului în care ia naştere conflictul dintre intenţii şi acţiuni; ne vom folosi pentru aceasta de noţiunile de „minte conştientă“ şi „minte inconştientă“ în relaţia cu experienţele noastre de viaţă.

Viaţa noastră este reflexia minţii noastre inconştiente. Privind în această oglindă, vom descoperi că nu putem obţine lucrurile pe care ni le dorim din cauza faptului că purtăm modele şi credinţe pe care inconştientul nostru nu le aprobă.

Conştiinţa se divide în două părţi, după cum este general acceptat: prima, mintea conştientă prezentă — o putem numi esenţa noastră (sau inima noastră, vocea interioară, ceea ce suntem cu adevărat) — şi a doua, personalitatea noastră, cea pe care o accesăm când ne prezentăm lumii. Mulţi oameni cred că personalitatea reprezintă cine sunt ei cu adevărat, dar provocarea pe care o înfruntăm în viaţă este că ne naştem într-o anumită familie şi purtăm mereu cu noi cultura, credinţele acestei familii, dar şi gândurile şi sentimentele generaţiilor trecute. În consecinţă, personalitatea noastră a fost construită şi modelată în egală măsură de vieţile altor oameni, precum şi de propriile experienţe, de educaţie, cultură, părinţi şi familie. Aceste două dimensiuni ale conştiinţei noastre pot fi în conflict, deoarece intenţiile noastre nu se conformează întotdeauna la ceea ce se aşteaptă de la noi sau la cum *ar trebui* să ne comportăm.

Chiar dacă noi continuăm să învăţăm şi să creştem până în ultima zi a vieţii noastre, este universal acceptat faptul că, în mare parte, condiţionarea fiinţei umane are loc în primii ani de viaţă. Este o situatie care ne poate ajuta să reuşim sau să eşuăm în atingerea ţintelor şi visurilor în viaţa noastră adultă.

Prima relaţie pe care o aveţi în viaţă este cu părinţii, în special cu mama, şi această relaţie vă construieşte modelul pentru toate celelalte care vor apărea ulterior. Mama reprezintă poarta spre viaţă; înainte să ne naştem, am experimentat lumea şi emoţiile mamei. În primul moment în care mama îşi vede bebeluşul, ea stabileşte ritmul vieţii pentru acel copil. Legătura timpurie dintre mamă şi prunc scoate la iveală memoria conştientă şi memoria inconştientă a mamei şi adâncurile lumii ei interioare. Astfel, mama modelează structura creierului social al copilului ei. Şi tatăl, prin interacţiunea cu copilul şi prin ataşamentul lui faţă de copil, îşi dezvăluie credinţele şi valorile sale inconştiente prin modul în care acţionează şi contribuie la construirea realităţii copilului. Capacitatea părinţilor de a oferi hrană şi siguranţă are un impact asupra imaginii de sine şi a interacţiunilor sociale ale copilului pentru tot restul vieţii lui.

Pregătirea iniţială

În cartea *The Secret Life of the Unborn Child* (*Viaţa secretă a copilului nenăscut*), doctorul Thomas Verny explică, împreună cu John Kelly, cum uterul reprezintă prima experienţă pe care o avem pe lume, fiind, totodată, primul cămin în care trăieşte copilul, încă nenăscut. Dacă mediul uterin este influenţat de stări de anxietate sau chiar respingere în corpul mamei, atunci copilul va vedea lumea prima oară ca pe un mediu neprimitor.

În cazurile în care mama a avut de gând să facă un avort, se ceartă cu partenerul sau trăieşte orice altă formă de emoţie negativă care se repetă în timpul sarcinii, atunci copilul poate simţi că nu este în siguranţă în acel uter-cămin. Dacă, de exemplu, mama a făcut un avort înainte şi acum nu se poate elibera de sentimentul de vinovăţie, atunci aceste trăiri pot fi transmise copilului, încă nenăscut. Experienţele trecute care determină un tipar de emoţii negative în legătură cu sarcina pot avea, de asemenea, un impact asupra fătului nenăscut; aşa cum un bebeluş preia, în mod constant, nutrienţi şi oxigen din sângele mamei, în acelaşi mod, el se hrăneşte şi cu emoţiile ei.

Doctorul Dominick Purport, redactor la *Brain Research Journal*, susţine această teorie şi afirmă că starea de conştiinţă de sine începe încă de dinainte de a ne naşte. Între săptămânile a douăzeci şi opta şi cea de-a treizeci şi doua, circuitele cerebrale încep să prindă contur şi bebeluşul se poate conecta la gândurile şi visele mamei lui.

Există teorii care susţin că gândurile şi emoţiile mamei se pot infiltra atât de adânc în psihicul copilului, încât rămân acolo pentru tot restul vieţii lui. Aceste sentimente definesc şi modelează viaţa emoţională a copilului şi pot genera temeri, care sunt întipărite în mintea copilului nenăscut. Pentru ca cineva să schimbe asemenea influenţe ar trebui să depună un efort considerabil asupra propriei persoane.

Doctorul Verny a lansat teoria conform căreia copiii nenăscuţi anticipează cum va fi noua lume pe baza primelor lor experienţe. Dacă un copil nenăscut simte că nu este în siguranţă chiar de la începuturile dezvoltării sale, atunci îşi construieşte nişte aşteptări inconştiente bazate pe ideea că lumea va fi asemenea celei pe care o experimentează în uter. Copilul este predispus la o anumită personalitate în ceea ce priveşte relaţia cu ceilalţi. Viaţa exterioară poate fi mult mai dificilă dacă experienţa intrauterină nu a fost una plăcută.

Aceste experienţe pot rămâne doar la nivel de stare, întrucât capacităţile emoţionale, intelectuale şi neurologice ale copilului nenăscut nu sunt dezvoltate pe deplin. Chiar dacă circuitele şi conexiunile cerebrale s-ar putea să nu influenţeze personalitatea, ele sunt extrem de sensibile la stările de inconsecvenţă şi avarie. De asemenea, doctorul Verny afirmă că sentimentele de iubire şi respingere afectează copilul nenăscut din primele etape de formare a sa. Pe măsură ce creierul se maturizează, senzaţiile şi sentimentele primitive se dezvoltă în sentimente mai complexe, gânduri şi, mai târziu, idei.

Dacă deja există inconsecvenţe în viaţa mamei, de multe ori ele continuă şi după naştere, iar copilul este deja predispus la asemenea vulnerabilităţi.

A doua etapă de pregătire

Încă de la naştere suntem învăţaţi de alţi oameni (de obicei, de părinţii noştri) cum să trăim. Ei ne pregătesc în acelaşi fel în care au fost la rândul lor instruiţi, deoarece consideră că aceasta este cea mai bună metodă. Fac acest lucru pentru că scopul lor este ca noi să supravieţuim în această lume, pe cât de bine putem, conform cu ceea ce le dictează lumile lor conştiente şi inconştiente (ascunse). Ei ne învaţă cum să trăim, cum să acţionăm şi să interacţionăm, astfel încât personalitatea noastră să devină o formă de protecţie dezvoltată *în afara* noastră, ajutându-ne să facem faţă acestei lumi.

Prin urmare, personalitatea noastră este modelată de percepţiile noastre şi de reacţiile pe care le acumulăm şi se dezvoltă încă din copilăria timpurie, dar şi ca răspuns la diversele experienţe de care avem parte în viaţă. Plecând de aici se dezvoltă aşadar identitatea noastră unică. O astfel de construcţie continuă să fie susţinută — şi consolidată — de cererinţele celorlalţi; de exemplu, ale oamenilor care ne cresc şi ale societăţii din care facem parte. Această personalitate se dezvoltă şi prin facilitarea unor experienţe similare care, în final, întăresc amintirile şi credinţele care au construit-o de la bun început.

De-a lungul anilor, pe măsură ce această dinamică reactivă creşte şi se dezvoltă, depăşindu-şi rolul iniţial de protecţie, descoperim că a dobândit o viaţă proprie. Acest tip de personalitate este, de fapt, o reţea puternică de atitudini şi modele comportamentale inconştiente, care poate domina aproape orice aspect al vieţii noastre. În consecinţă, ne comportăm contrar cu cine suntem cu adevărat şi cu intenţiile pe care le avem de fapt. Acest lucru se aplică mai ales în legătură cu intenţiile ascunse adânc în esenţa noastră (în inconştient) pe care tot încercăm să le scoatem la suprafaţă. Mai mult decât atât, deseori se poate întâmpla ca aceste comportamente să ne fi ajutat în multe moduri şi să fi determinat o mare parte din succesul nostru.

Lumea exterioară exercită o influenţă puternică asupra noastră, întrucât cei care ne-au crescut pun presiune pe noi în acelaşi fel în care au experimentat şi ei acelaşi lucru din partea părinţilor lor. În plus, noi am ajuns la fel ca ei, pentru că-i imităm în mod involuntar, conform lecţiilor pe care ni le-au dat. Acest lucru poate determina o discrepanţă între ceea ce ne dorim şi ceea ce obţinem în viaţă.

Pentru a depăşi această discrepanţă, trebuie să înţelegem mai bine cele două componente ale conştiinţei noastre: inconştientul şi conştientul. Mintea noastră inconştientă găzduieşte credinţele noastre puternice şi percepţiile ce ne-au marcat. Atunci când devenim adulţi, funcţionăm pe baza unor presupuneri de bază şi a unor seturi de acţiuni reflexe pe care, de cele mai multe ori, nu suntem capabili să le identificăm. Aceste presupuneri sunt determinate de experienţele noastre trecute şi de influenţele părinţilor noştri, ale culturii şi religiei. În mod natural, ele au un impact major asupra vieţii noastre şi se manifestă zilnic prin felul în care reacţionăm la orice moment sau eveniment.

Aceste reacţii reprezintă principala cauză a conflictului dintre intenţia noastră, provenită din mintea conştientă, şi acţiunile noastre, care-şi au originea în mintea noastră inconştientă. Esenţa noastră este conştiinţa noastră din momentul prezent. Ea este foarte creativă, evoluează împreună cu viaţa şi dă naştere unor aspiraţii şi visuri fără sfârşit. Însă, de fiecare dată când ne pierdem concentrarea, mintea inconştientă acaparează conştientul. Acest lucru produce reacţii şi rezultate care contrazic intenţiile noastre conştiente. Faptul că, bunăoară, cea mai mare parte a conştiinţei noastre ţine de inconştient înseamnă că reacţionăm, de cele mai multe ori, în mod inconştient.

Prin urmare, cum putem învăţa să trăim conştient?

Capitolul 1
Cum ne transformă creierul social în ceea ce credem că suntem

Creierul nostru social are un rol vital în modelarea identităţii şi a felului în care ne definim pe noi înşine. Reacţiile rapide, constante ale creierului vizavi de oameni şi de mediul înconjurător construiesc imaginea a ceea ce suntem, care poate fi foarte diferită de cine suntem cu adevărat.

Conştiinţa de sine şi gândirea

Noi nu trăim în izolare. Viaţa şi existenţa noastră evoluează prin faptul că putem comunica şi interacţiona cu alte persoane. Trăim în reţele sociale multilateral interconectate, de când ne naştem şi până când murim. Felul în care este structurat creierul nostru social este modelat, modificat şi construit de toate interacţiunile, relaţiile şi conversaţiile noastre cu ceilalţi şi este, în special, influenţat de persoanele cele mai importante din viaţa noastră. După cum spune doctorul Allan Schore, un cercetător de top în domeniul neuropsihologiei, 70% din creier se dezvoltă după ce ne naştem, prin interacţiunile avute şi prin adaptarea la schimbările constante din jurul nostru.

Creierul nostru reacţionează mereu la ceilalţi, dar niciodată la el însuşi. De fapt, este singura parte a corpului nostru care nu are nici senzaţii, nici sentimente. În mod ironic, este conştient de senzaţiile şi sentimentele trăite de noi, dar creierul însuşi *nu simte* nimic. Funcţia sa este să-i reamintească trupului unde poate găsi plăcere şi de unde poate să-i vină durerea; pe de altă parte, gândurile se formează în creier.

Oare avem destule cunoştinţe despre relaţia dintre conştiinţa de sine şi gândurile din creier? Ştim cum se nasc aceste gânduri în conştiinţa noastră? Acestea sunt întrebări fundamentale. Majoritatea cercetărilor asupra centrilor din creier se concentrează asupra mecanicii cerebrale şi a modului în care aceasta ne influenţează comportamentul şi funcţiile fiziologice, dar avem puţine cunoştinţe legate de felul în care conştiinţa de sine ne generează gândurile. Aici se găseşte secretul a ceea ce înseamnă să fii o fiinţă umană, atât din perspectiva faptului că suntem capabili să luăm decizii, cât şi a ceea ce suntem de fapt. Cunoaştem funcţiile fiecărei părţi a creierului — sunt semnalate uşor în diversele tipuri de „scanări" cerebrale —, dar nu putem vedea trecutul însuşi, cel care ne dictează gândurile, şi nici cum aceste experienţe sunt traduse apoi în starea de a fi conştient de sine.

Creierul îşi construieşte propria realitate

Schiţând legătura dintre conştiinţa de sine, funcţionarea creierului uman şi felul în care relaţionează (mediul său înconjurător), vom ajunge să înţelegem cum reuşim să ne descurcăm într-o lume aflată mereu în transformare.

Suntem înconjuraţi de lumea mentală a celorlalţi, în egală măsură în care suntem înconjuraţi de lumea fizică. Persoana cu care interacţionăm ne modelează, la rândul ei, majoritatea reacţiilor şi gândurilor. Pe de altă parte, acesta este felul în care ne percepem pe noi înşine în relaţie cu ceilalţi.

Creierul nostru acţionează ca un instrument de primire, stocare şi comunicare a informaţiei pe care o împărtăşeşte toată lumea. Energia emanată de interacţiunile noastre este codată, în mod constant, în creier, cel mai mare impact asupra vieţii noastre avându-l interacţiunile părinte-copil, care alcătuiesc infrastructura de bază a experienţei noastre faţă de lume şi de alte persoane. Adesea, aceste experienţe sunt întărite şi influenţate de primele noastre relaţii din cadrul familiei, cum sunt cele cu părinţii sau cu alţi membri ai familiei sau chiar cu alte generaţii din trecut. De la părinţii noştri copiem şi învăţăm totul. Nicio mişcare a lor nu trece neobservată pentru noi. Învăţăm de la ei fiind martori la modul lor de a rezolva situaţii şi putem chiar îndrăzni să spunem că inconştientul părinţilor noştri contribuie la structurarea creierului nostru.

Creierul construieşte fiecare experienţă, iar noi numim rezultatul *realitate*. Realitatea este imaginea pe care ne-am creat-o despre lume pentru a ne putea croi drum prin ea. Creierul creează un tip de realitate şi, cu cât o explorăm mai detaliat, cu atât avem un sentiment mai puternic de siguranţă şi convingerea că vom supravieţui.

Toate experienţele noastre iau formă şi sunt prelucrate în creier pentru a descoperi cea mai bună cale de supravieţuire. De exemplu, orice problemă din viaţa familiei noastre de origine poate avea un impact uriaş asupra felului în care reacţionăm mai târziu în viaţă, în relaţiile noastre. Reacţiile pe care creierul le învaţă pot dura întreaga viaţă.

Creierul reprezintă limita dintre lumea din jurul nostru şi noi înşine. Nu suntem separaţi de lume, facem parte din ea şi împărtăşim un câmp de informaţie şi energie care nu este localizat în creierul uman. El primeşte semnale şi apoi absoarbe informaţia, o interpretează şi ne oferă o schemă. Între schemă şi lumea reală sunt activităţile neuronale din creier. Din acest motiv, uneori trăim aceeaşi situaţie diferit în momente diverse ale vieţii noastre, pentru că am învăţat modele alternative de a o percepe şi pentru că ne-am construit, în consecinţă, păreri diferite — prin urmare, ne interpretăm altfel propria realitate.

Conştientul şi inconştientul

Este acceptată la nivel general ideea că există două părţi care alcătuiesc conştiinţa umană: una conştientă şi una inconştientă. Inconştientul simbolizează efectiv lucrurile de care nu eşti conştient. Aceste două elemente pot fi conectate cu uşurinţă la noţiunile de memorie de lungă şi de scurtă durată.

Doctorul Bruce Lipton, neurobiolog, sugerează că mintea inconştientă stochează informaţii la fel ca un aparat de înregistrat — numai că trebuie să înţelegem că ceea ce înregistrează sunt nişte *programe*. La apăsarea unui buton, memoria inconştientă redă acele programe şi va face acest lucru mereu în aceeaşi manieră. Prin urmare, este normal să afirmăm că apăsarea butonului de redare este adesea declanşată de stimuli din mediul înconjurător. De exemplu, dacă aşteptăm pe cineva care întârzie, această experienţă ne poate reaminti de o experienţă dureroasă din trecut, legată de sentimentul de abandon. Stimulul ar fi atunci o urmă emoţională a unei experienţe dureroase stocate în memorie. Majoritatea oamenilor nu pot distinge în mod clar aceste programe, pentru că ele se conturează foarte devreme (uneori chiar pe perioada ultimului trimestru din perioada fetală). De exemplu, programele stocate în inconştientul fetusului au fost create ca urmare a experienţelor sale faţă de reacţia mamei lui şi a mediului acesteia.

Dinainte de a se naşte şi până la vârsta de cinci ani, modul în care un copil observă şi experimentează lumea este în concordanţă cu programele care îi trimit informaţii, în mod direct, la nivel inconştient, fără vreo analiză sau întrebare anterioară. Repetiţia îi permite informaţiei să ajungă în mintea noastră inconştientă. Această preluare necritică de informaţii are loc deoarece copilul nu este încă în stare să analizeze sau să dezbată calitatea informaţiei; pur şi simplu, preia totul cum i se dă. Cantitatea uriaşă de informaţie pe care copiii o primesc provine de la părinţi, fraţi, surori şi de la comunitate şi este preluată de inconştientul lor ca un *adevăr* pur.

După părerea doctorului Lipton, mintea conştientă, partea care cuprinde dorinţele noastre conştiente şi aspiraţiile, ocupă aproape 5% din creier. Mintea inconştientă (conţinând programele învăţate de la părinţi şi de la celelalte persoane din viaţa noastră) ocupă celelalte 95% din creier. Deci inconştientul este dominant în general.

Acest lucru este foarte important dacă vrem să explicăm de ce, de multe ori, când ne-am hotărât să facem ceva, nu reuşim să ducem la bun sfârşit acel lucru; credinţele din mintea noastră inconştientă sunt în contradicţie directă cu ceea ce ne dorim în mintea noastră conştientă. Aceste credinţe inconştiente depăşesc intenţiile noastre conştiente pentru că sunt mai puternice şi au efecte mai importante.

Programarea timpurie

Chiar dacă oamenii devin conştienţi cu trei luni înainte de a se naşte, ei au o conştiinţă de tipul sentiment şi reacţie. Procesul neurologic superior care conduce la diferenţierea conştientă a experienţelor nu se manifestă decât după vârsta de cinci sau şase ani. De aceea, un copil nu este conştient şi nu îşi înţelege propriile experienţe decât după această vârstă.

Primii cinci ani din viaţa noastră sunt o perioadă de *instalare de programe*, cu care vom funcţiona mai târziu. Copii fiind, preluăm informaţii din orice vedem, auzim sau experimentăm de la părinţii noştri şi din mediul înconjurător. Această informaţie ajunge în mod direct în inconştientul nostru. Ba mai mult decât atât, nu facem niciun fel de discriminare a meritelor relative ale acestor programe. Fiind copii, noi nu avem capacitatea de a şti dacă informaţia este corectă.

Învăţăm cum să devenim parte a unei familii şi a unei comunităţi pe baza acestor experienţe preluate. Aceste programe se aşază în inconştientul nostru chiar dacă sunt informaţii false, pentru că atunci când suntem copii nu avem abilitatea de a gândi, de a selecta şi de a pune sub semnul întrebării aceste informaţii. Astfel, este uşor pentru inconştient să treacă peste conştient, deci şi peste aspiraţiile, dorinţele şi credinţele despre sine, influenţând totodată rezultatul eforturilor noastre.

Putem vedea că mintea inconştientă conţine programele învăţate de la alţii. *Suntem pregătiţi* pentru felul în care trebuie să reacţionăm la viaţă. *Acceptăm şi preluăm* credinţele altor oameni. Ele ne conduc reacţiile şi comunicarea cu ceilalţi în marea majoritate a timpului; pe de altă parte, ne sabotează şi subminează abilităţile naturale. Ba mai mult, ele devin limitări ale dorinţelor noastre conştiente de a obţine anumite lucruri în viaţă. Atitudinile, percepţiile şi credinţele minţii conştiente sunt în opoziţie directă cu ceea ce programează mintea inconştientă. Derulăm aceste programe în mintea noastră conştientă şi totuşi, în acelaşi timp, nu suntem conştienţi de ele. Nu suntem conştienţi că ne autosabotăm în mod constant şi, atunci când nu obţinem ceea ce vrem sau ceea ce ne dorim de la viaţă, dăm vina pe alţii sau pe forţe externe.

Gregg Braden, renumit autor şi om de ştiinţă, este de părere că fiecare parte a creierului funcţionează într-o manieră diferită pentru a ne face să fim fiinţe individuale şi pentru a ne crea propria realitate. Mintea conştientă este cea la care suntem conectaţi în cea mai mare proporţie şi de care suntem conştienţi în cea mai mare măsură. Ea creează imaginea de sine pe care o vedem atunci când ne privim din interior. Aceasta este imaginea pe care ne dorim să o vadă ceilalţi.

Mintea conştientă preia informaţii despre lumea cotidiană, oamenii din jur, ora exactă, unde mergem şi cum anume ajungem acolo. Ea analizează şi procesează toate aceste informaţii şi planifică ce vom face după ce ajungem la destinaţie. De aceea, situaţia în care ne conformăm sau acceptăm un compromis este de fapt o situaţie în care mintea noastră inconştientă a făcut altă alegere decât mintea conştientă.

Trebuie să lucrăm mult asupra noastră pentru a recunoaşte şi a identifica acest lucru, altfel vom trece cu vederea faptul că în noi se poartă mereu o luptă.

Poate credem că noi alegem o acţiune, dar creierul nostru a făcut deja alegerea fără ca noi să fim conştienţi de asta şi fără *permisiunea* noastră. Ceea ce înseamnă că noi nu suntem conştienţi că am făcut, de fapt, acea alegere cu ceva timp înainte. Experienţa noastră legată de momentul petrecerii acţiunii respective (şi al rezultatului ales) nu este corelată cu prezentul. Nu vedem obiectul în faţa ochilor noştri până când creierul nostru nu a ajuns la o concluzie în legătură cu ce anume poate fi acel obiect. Altfel spus, nu suntem conştienţi de acţiunea pe care urmează să o efectuăm până când creierul nu a ales exact ce anume vom face. Pe scurt, acţiunile noastre sunt determinate de alegerile făcute anterior.

Tot Gregg Braden mai spune şi că mintea inconştientă poate fi asemănată cu un *hard-disk* cerebral. Ea conţine o cantitate vastă de informaţie şi o înregistrare a tot ceea ce am experimentat în vieţile noastre — toate amintirile noastre din trecut. Percepţia acelor amintiri include funcţiile care ne menţin în viaţă şi care ne ajută să supravieţuim fiecărei zile. Şi, cel mai important, mintea noastră inconştientă păstrează codată starea noastră emoţională din timpul fiecărui eveniment pe care l-am trăit, iar acesta este motivul crucial pentru care acţiunile şi reacţiile noastre din viaţă sunt influenţate de trecut. În plus, acest *hard-disk* păstrează fiecare gând, emoţie, critică, trădare şi încurajare pe care am primit-o. De aceea, este foarte important de reţinut că toate aceste experienţe se pot manifesta brusc în viaţa noastră, atunci când ne aşteptăm cel mai puţin, şi acest lucru ne poate afecta viaţa în mod negativ.

Mintea inconştientă nu se odihneşte niciodată. Experienţe trecute pe care nu ni le mai amintim sunt încă stocate undeva şi pot fi activate în orice clipă de un stimul sau impuls. Reacţiile noastre sunt ghidate în fiecare zi de mintea inconştientă, pentru că este mai vastă şi mai rapidă decât mintea conştientă. Doctorul Bruce Lipton, autorul cărţii *Biologia credinţei*, este de părere că mintea inconştientă poate procesa 20 000 000 de biţi de informaţie pe secundă, în timp ce mintea conştientă poate procesa doar 40 de biţi pe secundă.

Asta înseamnă că mintea inconştientă are capacitatea de a procesa de 500 000 de ori mai multă informaţie decât mintea conştientă. Puterea de a progresa stă deci în mintea inconştientă şi funcţionează instinctiv, fără nevoia de a gândi.

Pe de altă parte, mintea inconştientă poate fi de mare ajutor şi ne poate feri de multe probleme; de exemplu, când suntem în pericol, mintea inconştientă reacţionează rapid şi instinctiv şi nu analizează situaţia înainte de a ne împinge spre acţiune. Dacă am aştepta să ne salveze mintea conştientă, s-ar putea să fie prea târziu.

De exemplu, dacă un copil stă în picioare pe marginea unei stânci înalte şi îl aude pe tatăl său ţipând: „Stai departe de margine, poţi să cazi!", mintea inconştientă a copilului absoarbe informaţia şi înţelege că în viitor nu ar mai fi o idee aşa bună să stea pe marginea stâncilor, rezultatul posibil fiind o căzătură sau chiar moartea. El nu-şi va folosi mintea conştientă în viitor pentru a reanaliza dacă este în siguranţă să stea pe marginea stâncii, ci, pur şi simplu, nu va mai acţiona astfel. Pe de altă parte, s-ar putea să plătim un preţ foarte mare pentru aceste răspunsuri rapide atunci când acţiunile noastre se bazează pe credinţele celorlalţi pe care am învăţat în mod inconştient să le copiem în primii ani de viaţă.

„De-ar putea tinerii să-şi dea seama
cât de curând vor deveni doar o grămadă
de obiceiuri pe două picioare."

WILLIAM JAMES (1842-1910), FILOSOF AMERICAN

Toate informaţiile din mintea noastră inconştientă constau în credinţe preluate de creier în stadiul său de „absorbţie". După Gregg Braden, aceste informaţii ne-au fost „servite" când creierul era într-o stare de visare şi când era ca un burete gata să primească informaţii despre lumea din jur, fără filtre care să semnaleze ce este în regulă şi ce nu, ce este bine şi ce nu. Mintea inconştientă a stocat informaţia şi abia mai târziu am descoperit dacă această informaţie este bună sau rea pentru noi. Exemplul perfect este naşterea în sânul unei familii cu o anumită religie pe care o apărăm sau contra căreia luptăm apoi toată viaţa.

Capitolul 2
Convingerile noastre sunt mai puternice decât realitatea

Mintea noastră inconştientă asimilează felul în care oamenii apropiaţi nouă reacţionează la situaţiile care apar în viaţa lor, iar noi învăţăm în mod automat să-i imităm.

Efectul placebo

Fiinţele umane au nevoie de credinţe pentru a supravieţui, iar primul meu contact cu această idee l-am avut la vârsta de şapte ani. Tatăl meu era farmacist şi, în Egiptul acelor ani, mulţi oameni mergeau la farmacist pentru orice problemă de sănătate, aşa cum mergem acum la doctor. Tatăl meu era ca un vraci; avea o reputaţie bună şi devenise foarte cunoscut. Avea tot timpul în buzunar o cutiuţă cu câteva tablete de vitamine şi atunci când oamenii veneau la el să-i ceară ajutorul (în special pentru probleme psihologice), obişnuia să bage mâna în buzunar, să scoată cutiuţa respectivă şi să spună: „Acestea sunt nişte tablete speciale şi costă fiecare câte o liră", ceea ce echivalează cu 30 de lire sau mai mult în banii de acum, dar nu le vindea decât câte una sau două. Fascinant era că toţi oamenii aceia îşi recăpătau sănătatea foarte repede. Când l-am întrebat pe tatăl meu de ce îi minte pe acei oameni, mi-a spus: „Dacă ei cred că acesta este cel mai bun şi cel mai scump medicament, atunci se vor vindeca singuri". Mi-a mai spus că vindecarea este în mintea noastră şi, dacă noi credem în efectele unui medicament, atunci el va funcţiona. Nu mi-am dat seama atunci că placebo este un medicament adevărat şi cred că va veni o vreme când ceea ce este cunoscut ca placebo va fi un remediu real.

Există o poveste despre un om care avea cancer şi care a citit în ziar despre un medicament nou care pretindea că poate vindeca această boală. I-a cerut doctorului său să i-l prescrie, iar rezultatul a fost că s-a vindecat de cancer. După câţiva ani însă, a citit în acelaşi ziar că, de fapt, acel medicament avea efect doar temporar. Asta a făcut ca el să se îmbolnăvească din nou de cancer.

Şi convingerile moştenite din familie sunt foarte puternice. De exemplu, există familii ai căror membri dezvoltă acelaşi tip de boală. Există un caz cu două familii care au adoptat fiecare câte un copil dintr-o pereche de gemeni care fuseseră despărţiţi la naştere. Una dintre familii avea un istoric legat de cancer şi, evident, geamănul adoptat a fost lovit şi el de această boală. Celălalt geamăn nu a avut nimic. De asemenea, sunt şanse mult mai mari ca acei copii crescuţi de părinţi divorţaţi să se despartă la rândul lor de partener, mai târziu în viaţă. Iar copiii crescuţi de părinţi săraci sunt mai predispuşi spre o viaţă dominată de lipsuri.

Convingerile sunt mai puternice decât realitatea. Se poate vedea, din exemplele de mai sus, cât de puternice pot fi credinţele. Ele ne pot schimba realitatea atât de mult, încât ne pot pune în pericol chiar supravieţuirea sau pot crea anumite predispoziţii legate de starea de sănătate, bunăstarea financiară şi relaţiile viitoare. În acelaşi timp, credinţele ne pot vindeca şi ne pot ajuta să trăim mai bine. Asta înseamnă că, pentru a obţine ceva ce nu am trăit sau atins în trecut, trebuie să începem cu modificarea convingerilor noastre.

Singura diferenţă dintre un înţelept sau un mistic şi un om de rând, neinstruit, este că primul este conştient de legătura lui cu Dumnezeu sau Brahman, iar celălalt, nu.

ALAN WATTS (1915-1973), FILOSOF BRITANIC, SCRIITOR ŞI ORATOR

Puterea convingerilor

În acelaşi mod, fiecare cultură are convingerile ei unice, iar acestea au o influenţă asupra vieţii, relaţiilor şi asupra modului în care oamenii îi privesc şi comunică cu alţii din culturi diferite. Convingerile reprezintă o parte foarte importantă a conştiinţei noastre şi influenţează felul în care percepem viaţa. Modul în care mintea conştientă şi cea inconştientă lucrează împreună poate da convingerilor un rol important în vieţile noastre. În timp ce citiţi această carte acum, singura diferenţă dintre voi şi altcineva din viaţa voastră este reprezentată de convingerile voastre. Ele corespund cu teoria pe care o aveţi în legătură cu modul de funcţionare a lumii. Convingerile voastre îşi au originile în viziunea părinţilor voştri asupra lumii şi ele vă modelează interpretarea şi percepţia realităţii.

Convingerile provin din experienţele care ne-au modelat mintea inconştientă şi se manifestă fără aprobarea noastră conştientă. Convingerile ne modelează vieţile deoarece creierul nostru păstrează o înregistrare exactă a fiecărui lucru şi eveniment la care am fost expuşi. Prin urmare, credinţele noastre reprezintă temelia a ceea ce noi considerăm că este adevărat despre lume şi despre noi; ele prind formă în acelaşi loc în care au fost create prima dată — în mintea noastră. Creierul construieşte imaginea noastră asupra lumii conform informaţiilor anterioare, dar simţurile proprii ne oferă indiciile în ceea ce priveşte originea credinţelor noastre.

Mintea noastră inconştientă observă şi înregistrează felul în care oamenii apropiaţi nouă răspund la situaţiile din viaţa lor, iar noi, în mod automat, învăţăm să-i imităm.

Convingerile sunt modalitatea de a simţi şi înregistra experienţe, iar dacă părinţii noştri au avut reacţii sănătoase din punct de vedere psihologic la diferite situaţii de viaţă, noi avem un avantaj datorită atitudinii lor pozitive şi vom acţiona asemenea. Majoritatea dintre noi ne-am deprins obiceiurile inconştiente într-un mediu condus de convingeri mixte. Unele dintre ele sunt sănătoase şi de mare ajutor, iar altele sunt exact opusul. De aceea, deseori ne comportăm asemenea părinţilor noştri, pentru că am primit aceste tipare de la ei şi ne poate fi extrem de greu să ne distanţăm de ei. Durează doar câteva ore să ne separăm fizic de mamă după naştere, dar ne ia o viaţă întreagă să o facem şi emoţional.

Conform doctorului Bruce Lipton, deseori nu suntem conştienţi de felul în care mintea noastră inconştientă a preluat convingerile tuturor celor din jurul nostru, dat fiind faptul că am învăţat cum să trăim şi să ne comportăm de la părinţii noştri pe parcursul primilor cinci ani de viaţă, în perioada în care nu făceam decât să preluăm informaţii de-a gata. Aşa cum am mai spus, Lipton defineşte această perioadă ca o „perioadă a copilăriei dedicată descărcării de informaţii".

În multe feluri, noi *suntem* părinţii noştri, pentru că îi purtăm cu noi oriunde mergem. Unii părinţi observă cum copiii lor manifestă anumite comportamente pe care nu le tolerează la ei înşişi. Asta înseamnă că suntem totodată şi copiii noştri, deoarece copiii noştri devin ca noi. Observându-i, vom învăţa ce anume am preluat noi de la părinţi. De obicei, scenariile sunt respectate întocmai. Există anumite imagini interioare şi tipare pe care le punem în scenă şi care au fost create în urma unor experienţe personale şi a unor legături sistemice cu alţi membri ai familiei. Aceste amintiri timpurii sunt codificate în fiinţa noastră din momentul în care viaţa noastră a început.

În fiecare zi din viaţa noastră, exersăm aceste credinţe. Lumea noastră este o oglindă în care ele sunt manifestate sub forma relaţiilor, a carierei, alegerilor noastre şi chiar sub forma stării de sănătate. Ele sunt puse în practică în familie şi în cultură, oriunde în jurul nostru. Şi, de asemenea, împărtăşim convingeri colective inconştiente cu mediul care ne înconjoară, ceea ce ne influenţează relaţiile din viaţa reală. Aceste convingeri sunt subliniate şi aduse şi mai mult la suprafaţă atunci când în viaţă survin schimbări sau provocări; în timpul acestor perioade, convingerile noastre cele mai adânci tind să iasă la suprafaţă şi să se manifeste în relaţiile cu ceilalţi şi acum este momentul în care le putem observa. Ceea ce înseamnă că, în astfel de momente, ni se oferă oportunitatea de a vindeca acele convingeri negative pe care le avem faţă de noi înşine.

Dacă nu suntem conştienţi de credinţele noastre, ele ne pot limita realizările, deoarece nu putem duce nimic la bun sfârşit câtă vreme în inconştient credem în *imposibilitatea* de a realiza acel lucru. Unii oameni trăiesc încercând să-şi îndeplinească visurile şi scopurile, în timp ce se gândesc neîncetat şi cred, la nivel inconştient, că nu vor reuşi niciodată să facă asta. Şi atunci când eşuează în încercarea lor de atinge un anumit scop, îşi petrec cea mai mare parte din viaţă crezând, *în mod conştient*, că nu sunt capabili să-şi atingă scopurile. Acest lucru se întâmplă deoarece convingerile sunt gândurile pe care le tot avem, le tot derulăm în mintea noastră, iar noi putem deveni ceea ce gândim, pentru că aceste gânduri sunt o reacţie născută fie din conştient, fie din inconştient.

Tiparul convingerilor noastre predetermină interpretarea şi semnificaţiile pe care le atribuim experienţelor noastre. Aceste interpretări sunt integrate în celulele corpului nostru şi poartă energie emoţională, influenţându-ne prin urmare biografia şi, în consecinţă, biologia. Ele devin lentilele prin care privim noi lumea. Atunci când căutăm ceva, vom găsi acel lucru.

Credinţele sunt cristalizate în sistemul nostru nervos, iar o modalitate prin care, cel mai adesea, putem să ne păstrăm convingerile personale este eliminarea credinţelor opuse. Facem acest lucru căutând *dovezi* şi *argumente* că avem dreptate să credem aşa şi nu altfel. De exemplu, dacă hotărâm să cumpărăm o maşină de un anumit model şi de o anumită culoare, cu câteva zile înainte de achiziţia propriu-zisă vom observa că vedem maşina respectivă peste tot în jur. Este un exemplu banal, dar arată cum convingerile noastre le pot elimina pe cele opuse. Asta este ceea ce se cheamă *atenţie favorizantă* sau atenţie selectivă. Deja aţi eliminat toate celelalte maşini din percepţia voastră pentru că sunteţi atenţi la un anumit tip de maşină. În acelaşi fel, eliminăm alte convingeri şi ne concentrăm pe acea credinţă la care ne gândim cel mai mult. Facem acest lucru în multe domenii din viaţa noastră şi îl facem şi la nivel emoţional; dacă noi considerăm că suntem respinşi, s-ar putea să alegem şi să gravităm în jurul unor oameni care ne vor respinge. Astfel de interacţiuni ne rănesc şi, în acelaşi timp, ne fac să credem şi mai mult că avem dreptate. Şi da, s-ar putea să fie aşa, dar ne confirmăm că am avut sau nu dreptate cu costul fericirii noastre şi al împlinirii visurilor proprii. Acestea sunt tipare pe care le tot construim şi care ne întăresc convingerile. Rezultatul este că nu ne atingem scopurile, ceea ce ne întăreşte convingerile şi, în consecinţă, acestea sunt din ce în ce mai puternice.

„Vânătorul de căprioare nu vede munţii."

Proverb zen

Suntem prizonierii percepţiilor noastre asupra lumii

În anumite religii, există credinţa că suferinţa este un lucru necesar. De exemplu, s-ar putea crede că, dacă cineva suferă o perioadă destul de lungă de timp pentru ceva, atunci suferinţa aceea este justă. Oamenii aceia preferă să-şi justifice suferinţa decât să admită că este timpul să schimbe ceva. De asemenea, există credinţa că oamenii care se simt vinovaţi sunt oameni buni, dar vina este unul dintre cele mai mari obstacole care ne blochează calea spre succes. În anumite culturi, oamenii sunt dispuşi să se sinucidă sau să se omoare între ei pentru a-şi susţine convingerile.

Cu aceste credinţe bine înrădăcinate, vom folosi tot felul de dovezi doar pentru simplul scop de a susţine poziţia pe care o favorizăm. Astfel, aceste convingeri devin idealuri şi căi de evadare din realitate. Convingerile şi idealurile pot risipi energia necesară observării modului în care se desfăşoară faptul real — a acelui „ce anume?“ Convingerea înseamnă să simţim experienţa, iar experienţa poate modela nu doar informaţia care pătrunde în mintea noastră, dar şi felul în care mintea îşi dezvoltă capacitatea de a procesa acea informaţie.

În timp, devenim ataşaţi de convingerile noastre şi ajungem să contrazicem realitatea. Adesea câştigăm pentru că devenim foarte buni la inventarea propriei realităţi. În timp ce convingerile noastre pot fi mai puternice decât realitatea, o parte din noi încă face alegeri pe baza unor semnificaţii şi a unor tipare construite ca urmare a unor situaţii din trecut. Suntem ataşaţi de convingerile noastre pentru că ne simţim pierduţi fără ele. Ele sunt, practic, încercarea noastră de a rămâne conectaţi la orice formă de consecvenţă pentru a ne simţi în siguranţă. De exemplu, este foarte dificil să treci de la a fi socialist la a nu mai fi sau de la a fi religios la a nu mai fi astfel. Atunci când ne simţim ameninţaţi sau în pericol, deseori ne agăţăm încă şi mai mult de convingerile noastre, pentru a fi la adăpost. De obicei, acest lucru li se întâmplă celor care emigrează. Ei devin mult mai ataşaţi de cultura lor de origine, de tradiţii şi religie pentru a trece peste frica de izolare în cadrul noii culturi.

„Eu mă dedic adevărului, nu consecvenţei.“

MAHATMA GHANDI (1869–1948),

CONDUCĂTOR POLITIC ŞI IDEOLOGIC AL INDIEI

Majoritatea dintre noi ne dedicăm unui anumit lucru pentru că suntem ataşaţi de convingerile noastre. Credinţele despre cultură au împărţit omenirea în americani, arabi, ruşi, englezi etc. Convingerile noastre însă sunt mereu limitate şi creează conflicte. Diferenţa dintre cei care au succes şi cei care pierd este că cei din urmă nu reuşesc să recunoască succesul. Din cauza faptului că nu suntem conştienţi de convingerile noastre inconştiente, le punem în practică chiar dacă este evident că nu se bazează pe punctul nostru de vedere. Doar pentru că nu ne identificăm imediat convingerile, nu înseamnă că ne vor fi mereu necunoscute sau că nu vom înţelege niciodată impactul pe care îl au asupra vieţilor noastre.

„Acestea sunt ultimele mele cuvinte pentru tine: nu-ţi fie frică de viaţă. Fii convins că viaţa merită trăită, iar credinţa ta va ajuta la crearea realităţii."

WILLIAM JAMES

Trăim viaţa cu idei pe care nu le putem contesta, aşa cum ne demonstrează povestea elefanţilor din India. Atunci când sunt mici, ei sunt legaţi de un copăcel pentru a nu putea fugi. După ce cresc mai mari, elefanţii sunt împiedicaţi să plece doar prin petrecerea unei sfori în jurul unui picior, chiar dacă ei s-ar putea elibera cu uşurinţă din acea legătură simplă.

Mai există o povestioară despre nişte călători în deşert şi cămilele lor. Se opresc ca să se odihnească pe timpul nopţii şi descoperă că nu le ajunge funia pentru a lega şi ultima cămilă, aşa că stăpânul doar se preface că leagă piciorul cămilei. Astfel, cămila este păcălită să creadă că nu poate fugi. În dimineaţa următoare, pe când călătorii se pregăteau de plecare, cămila refuza să se urnească, iar stăpânul ei a trebuit să mimeze gestul dezlegării funiei înainte ca ea să se pună în mişcare.

La fel, noi suntem prizonierii convingerilor noastre şi nu ne putem elibera pentru că nu ştim, de fapt, că suntem captivii propriilor percepţii ale realităţii. Acest lucru poate însemna că suntem prizonierii percepţiilor noastre asupra lumii. Închisoarea noastră poate deveni o zonă de confort de care nu suntem conştienţi. Întrebarea este: cum pot prizonierii să viseze dincolo de închisoarea lor?

Conform Enciclopediei Britanice, cuvântul *convingere* este descris ca fiind „o atitudine mentală de acceptare sau consimţire a unei afirmaţii fără a avea toate informaţiile necesare pentru a garanta gradul ei de veridicitate". Conform acestei definiţii, nu există nicio garanţie a faptului că în fapt convingerile reflectă adevărul. Prin urmare, este corect să tragem concluzia că realitatea noastră chiar poate fi filtrată şi blocată de convingeri, care ne creează o viziune limitată asupra acesteia şi devine aproape o închisoare creată de noi înşine.

Exerciţiu pentru cititor

Acest exerciţiu vă va ajuta să începeţi să descoperiţi o parte dintre credinţele voastre. Dacă vreţi, îl puteţi face împreună cu un prieten, punându-vă unul altuia întrebările şi apoi verificând rezultatele. După ce aţi ajuns la ultima întrebare, luaţi-o de la capăt.

- *Spuneţi ce v-aţi dori şi nu aveţi, cum ar fi o slujbă, sănătate, o relaţie, bani.*
- *Ce vă împiedică să obţineţi ceea ce vă doriţi? Ce acţiuni proprii vă împiedică să obţineţi ceea ce vă doriţi?*
- *Ce convingeri proprii v-au oprit din a obţine ceea ce vă doriţi?*
- *Care este sursa acestor convingeri? Cine altcineva din familia voastră mai are convingeri similare?*
- *Vă puteţi gândi la o experienţă pe care aţi avut-o care să confirme această convingere?*
- *Este această convingere adevărată acum?*

De fapt, noi răspundem mereu percepţiilor noastre faţă de lume, şi nu stimulilor externi. Percepţiile noastre sunt modelate de experienţele anterioare şi întărite de noi experienţe similare. Astfel, credinţele noastre devin din ce în ce mai puternice. Modul în care interpretăm semnalele mediului înconjurător are un impact uriaş asupra caracterului nostru. De exemplu, doi oameni merg pe stradă în ploaie şi unul este supărat că se udă, iar al doilea este în culmea fericirii.

„Nu vedem lumea aşa cum este ea, o vedem aşa cum suntem noi."

TALMUDUL

Acum, că am stabilit că percepţia noastră asupra lumii ne pune într-o poziţie care ne poate limita acţiunile, putem stabili şi că, dacă ne modificăm percepţiile, prin analiza convingerilor familiei noastre şi a celor culturale, ne putem apoi schimba percepţia asupra lumii, pentru a crea o lume nouă în interiorul minţii noastre.

„Dacă schimbi modul în care priveşti lucrurile, ceea ce priveşti se va schimba, la rândul său."

DR. WAYNE W. DYER, AUTOR ŞI LECTOR AMERICAN PE TEME DE DEZVOLTARE PERSONALĂ

Capitolul 3
Relaţia dintre convingere şi memorie

Memoria ilustrează multe imagini ale vieţilor noastre pe pânza inconştientului. Amintirile dau consistenţă vieţilor noastre. Cu cât le privim mai mult, cu atât ele devin mai mult ceea ce credem că suntem, iar timpul nu le estompează.

Convingerile sunt amintiri

Convingerile noastre sunt amintiri generate de experienţele noastre anterioare, care ne modelează în prezent. De asemenea, convingerile influenţează modul în care acţionăm, gândim şi simţim — nu doar astăzi, dar şi în viitor. Amintirea ne face să avem aceeaşi reacţie în faţa unei experienţe în momente diferite. Amintirea nu reprezintă doar rememorarea intelectuală, este şi modul în care mintea codifică informaţia. S-ar putea să nu ne amintim exact tot ceea ce ni s-a întâmplat în trecut, dar experienţele anterioare influenţează modul în care ne amintim evenimentele, cât şi ce anume ne amintim dintr-o situaţie anume. Prin urmare, nu amintirea însăşi ne vine în minte când este evocată, ci, mai curând, efectul acesteia.

Suntem ceea ce credem că suntem,
după felul în care reacţionăm.

Relaţia dintre convingere şi amintire este foarte relevantă aici. Amintirile sunt informaţii rezultate din experienţe cândva externe şi care au fost transformate în tipare de activitate neuronală distribuite în multe sisteme ale creierului. Noi nu căutăm în minte atunci când vrem să ne amintim ceva. Informaţia din trecut, aflată în inconştientul nostru, pare să fie conţinută într-un fel de amintire, care, apoi, influenţează fiecare interacţiune pe care o experimentăm în viaţă.

După opinia lui Joseph LeDoux, un cercetător american în neurologie, cunoştinţele pe care le avem despre noi şi felul în care gândim referitor la noi (şi ceea ce gândesc ceilalţi despre noi), dar şi felul în care reacţionăm, de obicei, la anumite situaţii, se învaţă din experienţă. Memoria noastră face ca această informaţie să ne fie accesibilă. În acest fel, putem trece, înainte şi înapoi, de la cel care eram ieri la cel care vrem să fim mâine. LeDoux sugerează şi că memoria ne permite să călătorim în trecut. Putem să derulăm timpul înapoi doar un moment sau o mare parte din viaţa noastră. Memoria nu este perfectă şi cu siguranţă nu reţine toate detaliile. Ea este o reconstrucţie a faptelor şi experienţelor şi este construită de un creier diferit de cel care a format amintirea iniţial.

În viaţă, totul se pierde, cu excepţia amintirilor.

Mintea inconştientă şi memoria

Mintea inconştientă poate fi definită drept acea parte a minţii în care se înmagazinează o colecţie de fenomene mentale de care persoana în cauză nu este conştientă în acel moment. Aceste fenomene includ sentimente inconştiente, deprinderi automate sau inconştiente, percepţii care nu au fost observate, gânduri inconştiente, reacţii automate, obiceiuri inconştiente, dar şi fobii ascunse şi dorinţe mascate.

Mintea conştientă este acea parte a minţii care este responsabilă de logică şi raţiune. Este partea care decide începerea unei acţiuni voluntare, cum ar fi mersul sau salutul. Mintea inconştientă este partea responsabilă de toate acţiunile involuntare, cum sunt emoţiile, bătăile inimii sau ritmul respiraţiei. Tot ea înmagazinează toate convingerile şi amintirile.

Putem privi mintea inconştientă ca sursă a gândurilor automate (acele gânduri care apar fără o cauză evidentă). Ea poate fi considerată depozitul de amintiri ce par a fi fost *uitate* sau chiar ascunse, dar care, chiar şi aşa, pot fi accesate de conştientul nostru. De asemenea, o putem vedea ca pe locul unde se desfăşoară acţiunea cunoştinţelor implicite — numite şi ascunse —, adică toate lucrurile pe care le-am învăţat atât de bine şi pe care acum le facem fără să mai gândim, cum ar fi mersul, spălatul pe dinţi etc. Un exemplu foarte cunoscut legat de modul în care operează inconştientul este situaţia în care ai o problemă şi nu-i găseşti soluţia, apoi te trezeşti într-o dimineaţă cu o idee nouă care îţi aduce rezolvarea.

Se presupune că atunci când ne naştem încă nu avem amintiri, dar dacă mama a trăit o traumă, aceasta poate afecta dezvoltarea cerebrală a copilului în uter şi poate deveni o amintire prenatală.

Un membru al unei familii se poate comporta similar cu o persoană care, să zicem, a fost exclusă, tratată greşit sau care a avut o viaţă dificilă. Acest lucru este posibil pentru că putem moşteni tipare familiale de la generaţii anterioare. Putem avea amintiri de la părinţii noştri, iar acestea ne sunt transmise chiar din perioada intrauterină, după cum am arătat mai sus. Chiar şi în cazul adopţiei sau abandonului, încă există legături indestructibile cu ambii părinţi biologici. Aceste straturi invizibile ale existenţei noastre sunt conexiuni familiale ascunse şi pot influenţa vieţile noastre, dar şi vieţile celor din generaţia viitoare, fără ca noi să fim conştienţi de acest lucru.

În plus, posedăm imagini interne şi amintiri foarte subiective care sunt reprezentări personale ale dinamicii ascunse din cadrul unei familii. La rândul lor, aceste imagini sunt influenţate de modul în care o familie îşi rezolvă problemele şi continuă să influenţeze acţiunile şi sentimentele noastre în viaţa adultă.

Cercetările asupra memoriei depăşesc scopul acestei cărţi, dar, în acelaşi timp, sunt cruciale pentru înţelegerea modului în care interacţionăm cu amintirile şi convingerile şi, mai ales, a modului în care ele ne pot conduce viaţa. Credinţele sunt un alt domeniu de cercetare relevant pentru a ne înţelege pe noi înşine, la fel ca şi cercetarea asupra ataşamentului din cadrul relaţiei părinte-copil. Următoarele rânduri explică rolul jucat de amintirile conştiente şi inconştiente, influenţate foarte mult de ataşamentul nostru faţă de părinţi, care, la rândul lor, influenţează profund ideile şi gândurile noastre în ceea ce priveşte relevanţa amintirilor noastre ascunse pentru felul în care se desfăşoară viaţa noastră în prezent.

Straturile de memorie

Memoria poate fi împărţită în două componente principale: o parte care cuprinde amintirile conştiente şi una pentru cele inconştiente. Important este să privim memoria ca pe un proces de asociere — adică, lucruri care se petrec simultan şi ajung să fie corelate instantaneu. De exemplu, dacă sunt muşcat de un câine în mod repetat şi simt durere, următoarea dată când voi vedea un câine, îmi voi aminti acea durere şi, probabil, îmi va fi frică de câini. Un alt exemplu ar fi situaţia în care un copil este certat pentru că nu a fost *cuminte* şi s-a îmbolnăvit, iar când se va îmbolnăvi, adult fiind, va fi nemulţumit de el însuşi şi, în consecinţă, nu va cere ajutor.

Asta înseamnă că, atunci când un stimul care determină un răspuns emoţional (frica de a fi muşcat de un câine) este repetat împreună cu un alt stimul care nu declanşează un răspuns emoţional (imaginea unui câine), până la urmă, cel de-al doilea stimul va genera aceeaşi reacţie ca şi primul stimul. Aceasta este *învăţarea prin asociere*. Fenomenul a fost descoperit de către Ivan Pavlov, un psiholog rus din secolul XX, şi este cunoscut sub numele de *condiţionare clasică*. Pavlov le dădea carne câinilor săi în timp ce suna din clopoţel. După ce ambii stimuli au fost prezentaţi simultan de mai multe ori, a sunat doar clopoţelul (stimul auditiv), fără a le mai da şi carnea. Câinii au salivat oricum, doar ca răspuns la sunetul clopoţelului.

În timp ce, la început, clopoţelul a fost un stimul neutru, (el singur nu-i determina pe câini să saliveze), prin corelarea lui cu stimulul care producea salivarea (carnea), în final, sunetul lui a determinat acelaşi răspuns de unul singur. Pavlov a demonstrat în acest fel cum se creează legăturile stimul-răspuns, elementele de bază ale procesului de învăţare. Situaţiile vechi învăţate prin asociere sunt amintiri ascunse în inconştient ce pot fi readuse în planul conştient de evenimente declanşatoare, cum ar fi imaginea unei lupte sau situaţia în care cineva este pedepsit. Asemenea evenimente pot genera sentimente puternice de frică provocate de amintiri ce se ascund în adâncurile minţii noastre inconştiente.

După opinia doctorului Daniel J. Siegel, cunoscut pentru munca sa în domeniul neurobiologiei interpersonale, există două straturi ale memoriei. Primul strat este numit memoria ascunsă sau implicită, iar cel de-al doilea strat este reprezentat de memoria explicită.

Memoria ascunsă sau implicită

Memoria ascunsă este alcătuită din tipare inconştiente de învăţare aşezate în straturile inconştiente de interconexiuni din creier. Aceste tipare nu sunt accesibile minţii noastre conştiente. Pe scurt, nu ne amintim când *le-am deprins.* Uneori, este posibil să se fi format înainte de naştere. Acest tip de amintire poate fi accesat doar prin asocieri între un eveniment din prezent şi experienţa originală care a creat amintirea respectivă.

Amintirile ascunse pot fi exprimate prin următoarele moduri:

Emoţii — ce simţim (frică, fericire, surpriză, ruşine, dezgust etc.)

Percepţii — imaginea unui stimul (asociere vizuală).

Reacţii fizice — comportamente motorii sau acţiuni efectuate (ceea ce facem).

Senzaţii corp-memorie — durere fizică (simţită în organele interne, în membre etc.).

De exemplu, dacă am avut o experienţă dureroasă în trecut, cum ar fi un atac provocat de o persoană sau un animal, am trăit emoţia fricii. Mai târziu în viaţă, când o amintire similară este stimulată, vom simţi aceleaşi senzaţii fizice în corp. Însă, în ceea ce priveşte memoria noastră ascunsă, nu există un act conştient de scoatere a acesteia la suprafaţă. Nu există niciun fel de implicare în acest proces din partea hipocampului, pentru că această componentă a creierului se dezvoltă abia după vârsta de doi ani.

Reacţii asemănătoare pot apărea mai târziu în viaţă, ca urmare a unor evenimente traumatice. Amintirile sunt ascunse adânc în inconştient, iar consecinţele reprezintă conştientizarea lor parţială. Este situaţia în care o persoană retrăieşte o experienţă din trecut ca şi cum s-ar petrece în prezent. În războaie sau în cazuri de viol ori alte evenimente traumatice intense, vechea experienţă poate fi retrăită în prezent dacă există stimuli din mediul înconjurător care au o legătură cu evenimentul din trecut care a generat acea experienţă dureroasă.

De exemplu, o femeie violată de tată sau de un profesor este posibil să aibă o astfel de reacţie dacă vede o persoană ce seamănă cu violatorul într-o poziţie cu autoritate. Doctorul Bruce Lipton crede că majoritatea percepţiilor noastre provin din experienţe, mai ales când tiparele comportamentale se repetă. El dă ca exemplu învăţarea mersului. Odată ce am învăţat să mergem nu mai suntem conştienţi de mersul în sine. După repetiţii suficiente, informaţia rămâne în mintea inconştientă şi face parte din noi ca un *program*. El poate însemna orice, de la un comportament nociv la un comportament pozitiv, pentru că mintea inconştientă nu recunoaşte diferenţa dintre bine şi rău sau pozitiv şi negativ.

Atunci când un stimul provoacă în noi o reacţie, mintea inconştientă este activată ca un casetofon şi noi repetăm mereu acelaşi comportament. Doctorul Lipton îl numeşte mecanism de autooperare, care intră în acţiune odată ce suntem programaţi. Mecanismul de reacţie la stimul este un element foarte important din noi şi ocupă o mare parte din conştiinţa noastră.

După opinia doctorului Siegel, experienţele traumatice care se petrec înainte de vârsta de optsprezece luni nu sunt procesate de hipocamp, prin urmare, sunt amintiri ascunse. Acestea pot să apară şi la vârsta adultă, ca rezultat al unei experienţe traumatice critice sau al administrării drogurilor. Amintirea acelor tipuri de experienţe nu va fi procesată de hipocamp. Cu alte cuvinte, acele amintiri nu sunt puse în trecut, rămân în timpul prezent. Ca rezultat, ne amintim parţial şi apoi răspunsul este unul de tip luptă sau fugi ori luptă sau stai pe loc în momentul în care amintirea respectivă este scoasă la iveală.

Majoritatea celor care cercetează creierul, cum sunt doctorul Siegel şi Joseph LeDoux, sunt de părere că memoria emoţional-perceptuală este reţinută sub forma amintirii ascunse (care nu a fost niciodată procesată de hipocamp). Când retrăim aceste amintiri, nu suntem conştienţi că ele sunt din trecut. Asemenea sunetului clopoţelului din experimentele lui Pavlov, evenimente din trecut (emoţii, percepţii, acţiuni fizice) ne bombardează în timp ce suntem absorbiţi în aici şi acum şi nu vom conştientiza că aparţin trecutului. Este extrem de important să explorăm aceste reacţii, pentru că ele preiau controlul asupra noastră imediat, de parcă cineva ne-ar deturna din drumul nostru. Este posibil să ni se pară că pierdem controlul şi, deseori, să regretăm acţiunile noastre, să suferim din cauza consecinţelor acestora.

Unul dintre clienţii mei, de exemplu, are reacţii grave când călătoreşte cu trenul. Am explorat fricile sale împreună şi am descoperit că, atunci când era tânăr, mama sa a avut o experienţă traumatică într-un tren în timp ce el era cu ea. Acest tip de experienţă poate fi o cauză obişnuită şi pentru frica de zbor, de asemenea.

Un alt tânăr a venit la mine pentru terapie din cauza felului în care reacţiona după ce folosea inhalatoarele. Am descoperit că, atunci când era mic, a avut o experienţă neplăcută la dentist în timp ce îi era administrat un anestezic.

Istorisirile de mai sus prezintă traume şi amintiri ascunse care încă se manifestă în prezent atunci când apar stimuli similari. Este extrem de important să accentuez aici înţelesul memoriei ascunse, pentru că *aici sălăşluieşte, cu adevărat, secretul conflictelor noastre din viaţa de zi cu zi.* O amintire ascunsă defineşte actul de a-ţi aminti ceva fără a conştientiza că-ţi aminteşti lucrul respectiv. Este o formă inconştientă a memoriei ce conţine sentimente, percepţii şi reacţii care s-au format cu mult înainte ca noi să le putem înţelege. Aceste amintiri inconştiente au un efect uriaş asupra conştientului nostru.

În munca sa fascinantă, doctorul Wilder G. Penfield, unul dintre cei mai importanţi cercetători în neuroştiinţe din lume, a demonstrat că, atunci când opera pacienţi conştienţi, putea să stimuleze diferite părţi ale creierului acestora. Prin urmare, pacienţii puteau să retrăiască evenimente din trecut, uitate, şi să simtă emoţiile produse de acestea. Aceste evenimente rămân pentru totdeauna în memoria noastră ascunsă şi încă au o rezonanţă emoţională cu influenţe asupra prezentului nostru. Asta mă face să mă întreb dacă situaţiile din viaţă ne pot provoca sau stimula în moduri similare, având în vedere că ele determină reacţii la evenimente din trecut, ascunse, uitate doar de mintea conştientă, nu şi de mintea inconştientă. Chiar dacă experienţa respectivă s-a încheiat şi face parte din trecut, poate fi resimţită la fel de acut, pentru că asemenea amintiri nu ţin seama de timp.

După cum se poate vedea, amintirile ascunse ne pot afecta gândurile fără ca noi să fim conştienţi de acest lucru, deoarece sunt experienţe transformate în conexiuni neuronale care nu îmbătrânesc odată cu trecerea timpului. Ele îşi păstrează forma iniţială pentru că nu au fost procesate de hipocamp.

Efectele de *priming* (amorsaj) al amintirilor sunt deseori inconştiente

Amintirile ascunse sunt straturi de emoţii, senzaţii, acţiuni fizice, modele mentale şi corelări activate prin efectul de *priming* (de amorsaj). Acesta este definit prin faptul că expunerea la un stimul poate influenţa răspunsul la stimulul următor şi acest lucru se poate petrece după repetarea unui eveniment anterior.

De exemplu, dacă vi se arată în mod repetat cuvântul *maşină* şi multe imagini cu maşini, apoi sunteţi rugaţi să completaţi un cuvânt care începe cu *ma-*, cel mai probabil este că veţi răspunde compunând cuvântul *maşină,* pentru că aţi fost supuşi efectului de *priming* — răspunsul vostru a fost „amorsat" de expunerea anterioară la cuvântul *maşină.* Chiar şi o rată mai mică de expunere la anumite situaţii poate marca inconştientul nostru, pregătindu-ne să reacţionăm prompt la noi evenimente corelate cu situaţiile iniţiale. Acest lucru este numit *priming inconştient* şi efectele sale pot fi semnificative şi de durată, fiind ceva mai mult decât o simplă „aducere aminte".

Expunerea din trecut la diverse evenimente este un proces inconştient de *priming* (amorsaj) şi are loc, de obicei, timpuriu, la naştere sau chiar înainte de naştere. Cel mai simplu exemplu este viziunea pe care o avem asupra lumii încă dinainte de a ne naşte, pentru că uterul este un mediu bazat pe viziunea mamei asupra lumii. Dacă ea vede sarcina ca pe o situaţie negativă, şi noi vom fi „amorsaţi" sau predispuşi către emoţii negative.

În acelaşi fel, dacă în primii noştri ani de viaţă trăim într-un mediu negativ, putem fi ancoraţi şi pregătiţi pentru mai multe experienţe negative decât pozitive de-a lungul vieţii. Acest fapt poate reprezenta fundaţia modului prin care ne autolimităm în interacţiunile şi relaţiile de zi cu zi.

Experienţele din trecut, dureroase şi neexplicate, au creat tipare stimulative în creier şi au ajuns să fie corelate între ele. Chiar şi după ani de zile, ele generează nu doar credinţe despre noi înşine, ci şi efecte de *priming* pentru a spori aşteptările noastre înainte ca noi să abordăm stimulii din mediul înconjurător. Doctorul Siegel sugerează, de asemenea, că memoria implicită (ascunsă) are un efect de *priming,* de amorsaj, asupra sistemului nervos. Asta înseamnă că putem trăi sentimentul de frică şi putem fi gata să prezicem un anumit răspuns dat într-un mod anume, chiar înainte de acţiunea unui stimul. Acestea reprezintă straturi foarte subtile ale memoriei ascunse. Cu alte cuvinte, vorbim despre sentimentul de frică faţă de ceva ce urmează să se întâmple chiar înainte să se întâmple. Acest caz poate fi comparat cu o fobie, deoarece suntem deja influenţaţi fără să ne dăm seama de ceea ce ni s-a întâmplat în trecut şi pentru că ne anticipăm reacţiile.

„Toate conflictele emoţionale răsar din amintiri. Fie că amintirile sunt conştiente sau, de cele mai multe ori, inconştiente."

Doctor THOMAS VERNY M.D. şi JOHN KELLY,
Viaţa secretă a copilului nenăscut

Amintirile explicite, conştiente

Amintirile conştiente sunt rezultatul învăţării conştiente de orice fel, de exemplu joaca, limbajul, mirosul etc. Ele cuprind amintiri ale unor evenimente care s-au desfăşurat în lumea exterioară la un anumit timp şi într-un anumit loc.

Amintirile explicite pot reveni în minte și pot fi explicate în baza cunoștințelor și a experiențelor anterioare, pentru că sunt procesate de hipocamp. Această parte a creierului are ca atribuție principală codificarea depozitului de amintiri explicite. Ea ajută la compararea diferitelor amintiri și la stabilirea concluziilor pe baza a ceea ce am învățat anterior. Cercetarea doctorului Siegel arată că hipocampul este partea din creier care procesează amintirile și le transformă în ceea ce se numește *memorie autobiografică* (adică eu am trăit *acest eveniment atunci*). În cazul acestui tip de memorie, amintirea este conștientă. Hipocampul ajută creierul să înțeleagă o întâmplare și noi știm că acel eveniment a avut loc în trecut.

După părerea lui Larry R. Squire, profesor de psihiatrie, neuroștiințe și psihologie, deteriorarea sau blocajul hipocampului poate opri orice proces nou de învățare, făcându-ne să uităm tot ceea ce învățăm, imediat după ce am avut o experiență nouă. Această afirmație a lui Squire este foarte relevantă pentru înțelegerea modului în care amintirile și convingerile ne influențează în fiecare zi. Este important să vorbim mai mult despre această parte a creierului, deoarece ne explică felul în care înțelegem lumea.

După vârsta de doi ani, amintirile explicite ajung să fie amintiri faptice. Mai mult, memoria autobiografică, ce abia începe să se dezvolte, conține senzații interne pe care ni le amintim din trecut. Memoria autobiografică este implicită și reconstruită ca un proces istoric în desfășurare. Memoria autobiografică a unei persoane este de bază și este o reprezentare personală a evenimentelor specifice și generale, dar și a faptelor propriu-zise. Acest tip de memorie cuprinde și amintirile din viața unui om.

Memoria noastră autobiografică este ceva pe care ne putem baza, deși percepțiile noastre privind amintirile pot fi puse sub semnul întrebării. Aceste amintiri diferă în perioade speciale din viață. Oamenii își amintesc puține evenimente personale din primii ani de viață.

De exemplu, dacă nu înţelegem experienţele noastre din primul an de viaţă, putem presupune că orice s-a întâmplat este din vina noastră, pentru că, în acea perioadă, nu aveam alt cadru de referinţă pentru a procesa şi a înţelege lucrurile. Să luăm exemplul următor: dacă un copil este lăsat singur să se joace pentru multă vreme atunci când este mic, fără susţinere sau stimulare din partea părinţilor, el nu înţelege că părinţii nu pot fi cu el şi ar putea crede că e vina lui sau că trebuie să se distreze şi să-şi ocupe timpul de capul lui. Deseori se întâmplă ca astfel de copii să crească crezând că ceilalţi nu vor să fie cu ei şi, în caz că alţi oameni ar vrea să facă asta, ei trebuie în schimb să facă ceva sau să le ofere ceva anume.

Creierul nu uită trecutul

Fascinant la modul în care creierul păstrează amintirile este faptul că acestea sunt stocate cu precizie, niciodată aproximativ. Creierul are un mod exact şi perfect de înregistrare a informaţiei. Istoricul nostru este bine ascuns şi se află în siguranţă. De asemenea, ne aminteşte mereu de punctele forte şi de limitările noastre. Este ca şi cum cineva ne tot spune şi ne aminteşte adevărul, chiar şi atunci când noi nu vrem să-l auzim. Nu e la fel ca atunci când alţi oameni ne spun cât de buni suntem sau când citim o carte care ne arată cât de puternici suntem. Cu ajutorul memoriei, creierul nostru ne reaminteşte, într-un mod discret, despre cum am fost ignoraţi, maltrataţi şi neiubiţi, şi despre cât de mult ne-am simţit neimportanţi şi nevrednici. Aceasta a fost realitatea care ne-a fost impusă într-o perioadă vulnerabilă a vieţii noastre. Ea este în trecut, dar creierul nu uită niciodată.

„Nimeni nu-şi limitează nefericirea la prezent."

SENECA (CCA 4 Î.HR. - 65 D.HR.), FILOSOF ROMAN, OM DE STAT ŞI DRAMATURG

Creierele umane sunt construite pentru a anticipa, a evalua, a judeca şi a reacţiona la orice situaţie din prezent şi, de aceea, reacţiile noastre sunt, de obicei, bazate mai mult pe trecut decât pe informaţii din prezent. Putem fi aproape paralizaţi şi incapabili de a înţelege experienţele pe care le avem. După ce ne-am comportat altfel decât am fi vrut, s-ar putea, mai ales atunci când am avut timp să reflectăm conştient asupra experienţei, să ne întrebăm de ce tot repetăm acelaşi comportament. Nu ne putem întreba acest lucru în timpul evenimentului, pentru că nu suntem conştienţi de desfăşurarea lui. E ca şi cum am fi pe pilot automat şi folosim un program expirat, depăşit, care nu susţine şi noua situaţie. În acest fel, putem chiar să ne rănim pe noi înşine sau pe alţii, fără să ne dăm seama că facem acest lucru; de exemplu, luând decizii ori având reacţii compulsive sau generate de mânie, sau făcând presupuneri în mod eronat, sau înţelegând greşit alţi oameni. Pe de altă parte, este posibil să răspundem prin compromisuri sau retrăgându-ne din situaţii pe care ar trebui să le înfruntăm.

Amintirile ascunse: convingerile sunt mai puternice decât realitatea

Suntem puternic influenţaţi de toate amintirile noastre din trecut, fie că suntem conştienţi de ele sau nu. Acest lucru explică de ce avem anumite prejudecăţi sau preferinţe, deşi, în mod raţional, credem despre ele că sunt false. De asemenea, astfel se explică şi de ce putem să luptăm pentru convingerile noastre până la moarte, ca şi cum ele nu sunt doar convingerile noastre, ci şi un fel de adevăr independent de noi.

„Cu toţii avem amintiri pierdute care din locul lor ascuns — inconştientul — pot avea o influenţă puternică asupra vieţilor noastre."

DOCTOR THOMAS VERNY M.D. ŞI JOHN KELLY,
VIAŢA SECRETĂ A COPILULUI NENĂSCUT

Experienţele dureroase, derivate din traume sau neglijenţă, de obicei, din partea părinţilor noştri sau a tutorilor, construiesc amintirile implicite (ascunse) în primii noştri ani de viaţă. Copiii nu le pot descifra pentru că nu au creierul complet dezvoltat încă şi nici nu şi-au format simţul de sine şi nici pe cel temporal. Creierul nu ştie că aceste amintiri vin din trecut şi atunci când o amintire se iveşte în prezent, poate fi simţită ca şi cum noi retrăim un eveniment din trecut şi nu doar o simplă amintire. Aceste amintiri timpurii pot crea convingeri puternice în prezent şi, de aceea, este extrem de greu să nu le credem.

Disociere

Unul dintre procesele pe care le folosim pentru a supravieţui experienţelor sau amintirilor dureroase este disocierea, care ne permite să ne concentrăm atenţia departe de evenimentul traumatic, cum ar fi un accident de maşină sau experienţa nefericită a războiului. Sângele nu mai ajunge la hipocamp, aşa că acesta nu mai este implicat şi nici nu mai este atent la acea amintire, iar noi ne comportăm ca şi cum nimic nu s-ar fi întâmplat, pentru a ne proteja de şocul sau emoţiile asociate cu acea amintire. Disocierea este un proces conştient incomplet, prin urmare evenimentul rămâne prezent totdeauna la nivel inconştient.

Acest mecanism automat de autoapărare este asemănător cu cel utilizat de creier pentru a îmbunătăţi viteza noastră de reacţie când suntem ameninţaţi, de exemplu, când o maşină se îndreaptă spre noi sau suntem urmăriţi de un animal sălbatic. Dacă suntem expuşi la o situaţie înfricoşătoare sau periculoasă, toate resursele noastre vor ţinti spre supravieţuire, în producerea răspunsului de tipul luptă-sau-fugi. Ca reacţie la pericol, toată energia corpului şi a creierului se concentrează pe protejarea noastră şi pe pregătirea corpului pentru a evita la modul fizic pericolul, astfel că sângele nu mai ajunge la hipocamp. Prin urmare, mijloacele noastre de a supravieţui unor amintiri dureroase implică disocierea, care are rolul de a ne proteja de o durere cumplită.

În disociere, conştiinţa noastră este deturnată de la evenimentele traumatice, astfel încât să evităm amintirea sau angajarea într-un eveniment extrem de dureros şi de stresant pentru noi. Acest lucru se întâmplă des în cazul unui accident grav, când persoana rănită se disociază de sentimentele de durere. Pentru a ne disocia de o amintire, amigdala, o altă parte a creierului, ajută hipocampul să *iasă din funcţiune,* creierul urmând să se concentreze pe altceva decât pe experienţa durerii, astfel încât să nu mai fim conştienţi de ea.

După opinia cercetătorilor în neuroştiinţe, Heather Berlin şi Christof Koch, tulburarea de identitate disociativă (numită mai demult „tulburare de personalitate multiplă" — n. red.) este deseori corelată cu traume din copilărie, cum ar fi neglijenţa şi abuzul emoţional sau sexual. Este un mod a gestiona o situaţie care ne depăşeşte, care este prea dureroasă sau violentă pentru a fi asimilată în conştient. Persoana respectivă se îndepărtează pur şi simplu de experienţa care generează anxietate, experienţă de care nu poate fugi fizic. Acest proces de disociere permite ca sentimentele şi amintirile traumatice să fie separate din punct de vedere psihologic, astfel încât persoana să poată funcţiona ca şi cum evenimentul traumatic nu s-ar fi petrecut niciodată.

După cum afirmă Berlin şi Koch, creierul poate genera două sau mai multe stări distincte de conştiinţă, fiecare având propriul tipar de percepere, gândire, comportare şi amintire. Acest lucru ne distrage atenţia şi ne disociază de sursa traumei, deci ne protejează de retrăirea durerii. Corpul îşi concentrează energia în glandele suprarenale, pentru răspunsul de tip luptă-sau-fugi, iar hipocampul nu mai este implicat.

Răspunsul de tip luptă-sau-fugi este folosit pentru a scăpa de sursa ameninţării. Muşchii se pregătesc pentru această reacţie tensionându-se suplimentar, ritmul inimii şi al respiraţiei se accelerează, iar metabolismul este inundat de adrenalină. Sângele este deviat spre muşchi, departe de organele interne, şi încercăm să fugim. Însă, dacă nu putem scăpa sau considerăm că am putea avea o şansă şi că factorul ameninţător nu este atât de puternic, atunci vom lupta. Conform lui Peter Levine, un psiholog american specializat în traume, dacă nu avem deloc vreo speranţă la supravieţuire, intrăm în şoc sau într-o stare de imobilitate. De asemenea, putem intra şi într-o stare de frică, o etapă de pregătire pentru furie sau contraatac.

Unele cercetări au arătat, de asemenea, că adrenalina are un efect şi asupra activităţii hipocampului. În acest caz, experienţa trăită devine o amintire. Cu cât ne retrăim mai mult amintirile, cu atât ele se transformă în ceea ce credem noi că suntem şi ajung să fie codate în memorie fără aprobarea noastră conştientă. În consecinţă, experienţa dureroasă devine o parte a comportamentului şi a reacţiilor noastre fizice. Este posibil chiar să dezvoltăm anumite tipare mentale în legătură cu modul în care vedem lumea prin prisma propriei experienţe. În urma unor situaţii familiale dificile, putem prelua modele de relaţionare violentă până la o vârstă înaintată şi aceste amintiri adânc înrădăcinate pot influenţa comportamentul nostru şi relaţia cu partenerul de viaţă.

Când ne disociem de experienţele dureroase, evităm, în mod deliberat, să ne implicăm mintea conştientă. Însă memoria ascunsă continuă să contureze ce s-a întâmplat prin tipare de activare neuronală, chiar dacă nu avem niciun fel de amintire conştientă în legătură cu ele.

Adaptarea la stres

Am o pacientă a cărei viaţă a fost plină de nenorociri. Mai întâi, a avut probleme cu familia, apoi, soţul ei a ajuns la închisoare. A desfăşurat o campanie pentru eliberarea lui, apoi şi-a salvat un nepot de abuzurile la care era supus şi s-a angajat într-o luptă cu autorităţile pentru a-i găsi un cămin acestuia. După toate astea, s-a mutat în diferite ţări şi, de fiecare dată, a suferit de pe urma stresului extrem cauzat de procesul repetat de mutare. Viaţa ei părea a fi marcată de evenimente foarte stresante. Într-una dintre şedinţele noastre, am întrebat-o dacă a avut vreodată în viaţă o perioadă fără probleme, pentru că încercam să găsesc un fel de punct de suport pentru ca ea să-şi poată imagina viaţa fără stres. Mi-a spus că în vara anului anterior avusese două luni lipsite de dificultăţi. Am întrebat-o ce a făcut atunci şi ea a răspuns: „Mi-a fost foarte greu. Am fost foarte stresată".

Răspunsul ei a avut un impact serios asupra mea. Încă din copilărie, viaţa acestei femei a fost dominată de violenţă şi abuz, creierul ei a fost modelat de tot stresul pe care îl experimentase şi s-a adaptat pentru a-şi putea rezolva problemele. Mai mult decât atât, o viaţă plină de stres însemna realitatea cea mai familiară pentru ea şi, cu toate că deseori îşi dorea să nu mai fie stresată, avea mereu nevoie de o situaţie de criză pe care s-o rezolve.

Sunt sigur că vă puteţi gândi şi voi la cineva care a avut tot felul de probleme, una după alta, şi aproape pare că le caută cu lumânarea; de multe ori, auzim oamenii spunând: „Numai mie mi se putea întâmpla una ca asta". Deseori, oamenii de acest tip se simt atât de calmi în situaţii de stres, încât creează haos în vieţile lor pentru a se simţi relaxaţi. Stresul poate da dependenţă, poate fi ceea ce creierul are nevoie pentru a fi stimulat, chiar dacă persoana afectată susţine că preferă o viaţă liniştită. Putem vedea acest lucru la copiii crescuţi de părinţi alcoolici sau în familii dezorganizate. Ei pot deveni, la rândul lor, alcoolici, din moment ce creierul li s-a adaptat la stresul alcoolismului şi simt nevoia de a rămâne în această zonă familiară — din anumite puncte de vedere chiar confortabilă.

În cazul unei experienţe traumatice, disocierea este aşezată în centrul atenţiei noastre divizate. Este un proces de adaptare a minţii noastre pentru a putea face faţă evenimentelor din trecut. În situaţiile dificile, nu procesăm evenimentele cu ajutorul hipocampului, dar amintirile ascunse ne pot influenţa mai târziu în relaţii, comportament, reacţii fizice şi/ sau orice emoţie asociată cu experienţe negative. Acest mecanism de protejare personală reprezintă un risc în situaţii de haos, de exemplu luptă (răbufnire), fugă (fuga de la locul evenimentului) sau interiorizarea (blocarea).

Autoarea Madhusree Mukerjee a descoperit, în cadrul cercetărilor pe tema abuzului sexual din copilărie, că acei copii care suferă de tulburări ale psihicului pe termen lung, cu coşmaruri şi crâmpeie de amintiri ce revin brusc în minte, se aseamănă din punct de vedere psihologic cu supravieţuitorii războiului. Unii prezintă emoţii contradictorii în situaţii de tipul luptă-sau-fugi şi se pot bloca sau pot fi calmi în situaţii de stres extrem. Cercetarea sa a arătat că supravieţuitorii abuzului din copilărie pot avea un hipocamp mai mic din cauza hormonilor care inundă creierul în timpul şi după un episod stresant. Ea a afirmat că este posibil ca între 10 şi 20% dintre adulţii supravieţuitori ai abuzului sexual în copilărie să sufere de tulburări disociative sau de tulburarea de stres posttraumatic.

Copiii care nu pot scăpa de ameninţarea abuzului folosesc de multe ori disocierea. Mijloacele de retragere mentală dintr-o situaţie îngrozitoare o separă de starea conştientă şi îi permite victimei să se simtă detaşată de corp sau de *sine,* ca şi cum ceea ce se petrece nu i se întâmplă ei, de fapt. Oamenii care suferă de tulburare de stres posttraumatic au tendinţa de a retrăi amintiri violente, mai ales atunci când văd ori îşi imaginează o situaţie stresantă similară sau dacă se află în prezenţa unei persoane ameninţătoare. Aceste persoane se dezechilibrează uşor, evită elementele care le amintesc de experienţa iniţială şi devin extrem de agitate dacă se confruntă cu acelaşi tip de stimuli.

Funcţia şi scopul principal al creierului sunt să ajute la supravieţuire şi procreere; prin urmare, este important să înţelegem cum gestionează creierul aceste amintiri şi ce impact pot avea ele asupra conştientului nostru astfel încât să ajungem la o părere modificată despre noi înşine.

Disocierea este un mecanism natural de adaptare şi este menit să ne ajute să facem faţă durerii intense. Aceste studii nu trebuie să vă alarmeze şi să credeţi că, dacă aţi trecut prin evenimente traumatizante, creierul vostru are o problemă. Înţelegerea noastră asupra funcţionării creierului este extrem de limitată, dar, dacă descoperim felul în care aceste mecanisme de adaptare influenţează viaţa noastră mai departe, acest lucru este, de multe ori, primul pas în modificarea reacţiilor după o experienţă dureroasă din copilărie. Până acum, am înţeles cum se formează convingerile din experienţele noastre trecute. Aceste experienţe au trăit în noi ca amintiri ascunse sau nu, deci punctul de interes este memoria, pentru că înţelegerea amintirilor ne va ajuta să dezlegăm misterul cauzei şi modului prin care noi retrăim experienţele din trecut în prezent.

Amintirile pe care le păstrăm şi cele pe care le uităm

Hipocampul transpune experienţa de viaţă a unui om în viziunea sa asupra lumii. Când creierul procesează o experienţă (o înţelege), aceasta este inclusă în conştientul nostru şi putem reflecta asupra ceea ce s-a întâmplat şi ne putem asuma lucrul respectiv. Aceasta este o amintire pe care o păstrăm. Însă, dacă experienţa nu este procesată de creier, atunci devine o amintire nerezolvată.

Acest tip de reacţii psihologice emoţionale sau tulburări rămân nerezolvate în sistem şi sunt incomplete. În consecinţă, creierul va încerca în mod repetat să se întoarcă la acele experienţe pentru a le soluţiona. Toate aceste reacţii se formează inconştient în creier sub forma amintirilor pe care nu ni le mai putem păstra în memorie.

Din acest motiv, de multe ori ne reamintim mai multe experienţe negative din copilărie decât pozitive. Primele sunt amintiri neînţelese, care nu au fost rezolvate, analizate pentru că eram prea mici şi aveam prea puţină experienţă pentru a le înţelege. Prin urmare, reacţia noastră la orice altă nouă experienţă este condiţionată de reacţiile nesoluţionate din trecut şi are întotdeauna un rol protector. Din cauza faptului că abordăm toate experienţele noi într-o formă limitată, construim tipare foarte interesante, bazate, în general, pe situaţii repetate şi nerezolvate din trecut. O asemenea generalizare alcătuieşte o listă lungă de presupuneri care ne modelează apoi percepţiile.

Este mult mai probabil să ne amintim mai multe experienţe negative decât pozitive, pentru că încă nu am fost capabili să le înţelegem şi să le acceptăm. Aşadar, ele sunt nerezolvate şi ce este nerezolvat revine în minte pentru a fi soluţionat.

Din moment ce creierul învaţă multe lucruri, care funcţionează în afara conştientului, descoperim că începem să ne raportăm la aceste reacţii ca fiind parte din *ceea ce suntem.* Înţelegerea acestei idei este cheia înţelegerii noastre pe măsură ce începem să desluşim relaţia dintre amintirile şi emoţiile noastre. Acest lucru este valabil în special pentru reacţiile în faţa durerii şi/sau fricii şi, de aceea, este important să fim mai conştienţi de felul în care anumite evenimente sau anumiţi stimuli, la care am ajuns prin experienţe individuale de învăţare, trezesc în noi un anumit comportament sau o anumită conduită. De asemenea, ne ajută să înţelegem maniera în care creierul dictează modul în care abordăm evenimentele semnificative şi care au o încărcătură emoţională şi felul în care acest lucru ne influenţează memoria emoţională.

Amintiri marcate de frică şi durere

Pentru a supravieţui, ne naştem cu capacitatea de a resimţi frica, aceasta fiind un mijloc de evitare a situaţiilor amenințătoare. După opinia lui Joseph LeDoux, amigdala este zona din creier care controlează frica. Ea este capabilă să detecteze prezența pericolului și apoi, în funcție de gradul acestuia, stabilește și cât de frică trebuie să ne fie pentru a ne proteja și a ne ajuta. Puteți observa acest lucru la toate animalele. Ele sunt foarte receptive la pericol și frica este mecanismul lor de supraviețuire. Principalul rol al fricii este să ne protejeze de pericole.

Amigdala trimite mesaje către alte părți ale creierului, care apoi stimulează glandele suprarenale pentru a mări energia musculară cu scopul de a putea fugi (abordarea de tip „fugă") sau de a ne putea confrunta cu situația periculoasă (abordarea de tip „luptă"). De asemenea, unele studii au arătat că hormonii stresului redirecționează glucoza din sânge pentru a aproviziona mușchii cu energie, astfel încât noi să putem lupta sau fugi în situațiile periculoase. Cantitatea de glucoză (energie) care ajunge în hipocamp este, în felul acesta, micșorată. Prin urmare, apare o criză de energie în hipocamp, care compromite capacitatea lui de a analiza și de a înțelege evenimentele și momentul în care se petrec.

Scopul principal al reacției de tip luptă-sau-fugi este de a ne ajuta să supraviețuim — acesta este scopul suprem al ființelor umane. După opinia lui LeDoux, specialist în neuroștiințe, profesor la Centrul Henry și Lucy Moses și profesor de neuroștiințe și psihologie la Universitatea New York, sistemul presupune transmiterea de informații despre lumea exterioară către amigdală, care apoi controlează răspunsul și generează cea mai potrivită reacție. Dacă amigdala detectează un pericol, atunci pregătește răspunsul potrivit pentru situația respectivă. Acesta este răspunsul adecvat pentru protecția noastră.

De exemplu, un copil aflat într-o situație periculoasă nu are capacitatea intelectuală a unui adult de a face față situației respective. Deși este posibil să nu poată supraviețui experienței dureroase fără acest răspuns protector, din nefericire, astfel de reacții devin amintiri ascunse ce ne alimentează apoi procesul de învăţare şi pe care le folosim din nou ca adulţi. Noi nu ştim când consolidăm amintiri folositoare sau nefolositoare.

Suntem construiţi în aşa fel încât să nu avem această abilitate la o vârstă mică, pentru a supravieţui. Din această cauză, în situaţiile puternic traumatizante, nu mai procesăm informaţia cu intelectul sau prin intermediul hipocampului.

Consecinţa problematică a acestei situaţii este că amintirea pericolului rămâne neînţeleasă şi devine o amintire ascunsă. Pentru a fi mai clar, dacă are loc un eveniment ce presupune un element de pericol sau de ameninţare şi copilul nu acţionează în această privinţă cum ar face-o un adult şi nu înţelege consecinţele acestui eveniment asupra sa, această amintire nu este procesată sau organizată. Ea nu este aşezată în trecut, ca o amintire care s-a încheiat, ci ca o amintire ascunsă. Devine acum ca o predispoziţie la pericol pe care noi nu o înţelegem. Evenimentul iniţial poate merge foarte departe în trecut, chiar până la momentul unei experienţe stresante din uter.

Evenimentele stresante pot paraliza procesul de organizare a amintirilor care are loc în creier, astfel încât ajung să fie amintiri ascunse. În consecinţă, aceste amintiri continuă să existe şi să revină în sistem, în încercarea inconştientă de a le rezolva, de a găsi nişte soluţii pentru ele. Este evident că impactul lor asupra vieţii noastre este imens.

Putem vedea cum situaţiile stresante — ca lipsa iubirii sau a îngrijirii, durerea, abuzul, respingerea, experienţe timpurii reprezentând respingerea din partea părinţilor, critica, neglijenţa — îi afectează foarte mult copiii, şi frica este singura lor formă de protecţie în faţa unei astfel de experienţe. Noi nu suntem conştienţi de procesarea evenimentului dureros, pentru că atenţia totală a creierului este concentrată pe supravieţuire, pe protejarea noastră în faţa pericolului. Copilul nu are capacitatea de a înţelege experienţele dureroase, nici să-şi explice tratamentul de care are parte, mai ales dacă această experienţă dureroasă vine de la oamenii care sunt cei mai importanţi pentru el/ea. Astfel, copilul rămâne cu durerea insuportabilă a experienţei trăite.

„Psihanaliza arată că nou-născuţii, ca recipiente pasive de iubire, nu sunt capabili să suporte ostilitatea."

KARL STERN (1906-1975),

NEUROLOG ŞI PSIHOLOG GERMANO-CANADIAN

Creierul social

Într-un raport publicat în ediţia din 14 octombrie 2003 a ziarului *Biological Mind* (*Mintea biologică*), Randall Parker afirma că oamenii sunt programaţi să nu dorească să fie respinşi de alţi oameni; în acelaşi timp, cercetătorii de la UCLA au demonstrat cu ajutorul scanărilor RMN că durerea respingerii arată pe un RMN la fel ca tiparul neuronal activat de durerea fizică.

Aceste cercetări indică faptul că, pentru copil, singura cale de a supravieţui durerii este să reacţioneze cu frică. Această reacţie este foarte importantă, pentru că-l ajută pe copil să supravieţuiască şi creează mai multe conexiuni cerebrale prin transmiterea informaţiei (conexiuni neuronale). Ele sunt adunate apoi în memoria ascunsă, unde experienţele trecute şi adaptarea la astfel de situaţii (răspunsurile bazate pe frică) sunt generate ca reacţie la pericol.

Creierul generează conexiuni — reacţii neurologice derivate din sentimentul de frică. Atâta timp cât există amintirile sentimentelor dureroase, frica rămâne în memorie ca reacţie, dar şi ca amintire.

Experienţele dureroase nu sunt doar ceea ce trăim în familie sau rezultatul a ceea ce ni s-a întâmplat în copilărie. Separarea timpurie de persoana cea mai importantă care are grijă de noi, de obicei mama, este şi ea o experienţă dureroasă. Ataşarea de mamă simbolizează supravieţuirea şi, de aceea, despărţirea de mamă poate cauza durere copilului. Această reacţie a fost demonstrată de cercetări făcute pe maimuţe. Animalele care sunt separate de mamă au o şansă mai mică de supravieţuire.

Creierul nostru funcţionează în relaţie cu alte persoane şi nu putem exista singuri. Este un organ structurat să se conecteze şi să interacţioneze cu ceilalţi. Separarea poate fi extrem de dureroasă pentru noi. Relaţia noastră cu o altă persoană semnificativă este atât de importantă în procesul de a ne construi neurofiziologia, încât are un impact asupra dezvoltării noastre sociale şi emoţionale. Structura şi funcţionalitatea creierului şi dezvoltarea sistemului nervos sunt influenţate, construite şi modificate, în special, de experienţele de tip social.

Un copil care a fost abuzat de un părinte va vedea acest lucru ca pe o situaţie complexă, extrem de dificil de înţeles. Copilul doreşte şi se aşteaptă ca părintele să fie o sursă de confort şi iubire, şi în loc de asta el are parte de abuz fizic şi emoţional (în cazuri extreme, de abuz sexual). Aceşti copii se pot adapta la situaţia dificilă astfel încât să-şi poată iubi în continuare abuzatorul pe care îl urăşte în acelaşi timp. Relaţiile personale din viaţa adultă vor fi influenţate de acest comportament.

Pierderea iubirii din partea uneia dintre persoanele care ar trebui să-l îngrijească şi să-i acorde afecţiune (sau din partea altor persoane apropiate în primii ani de viaţă) poate avea un efect devastator asupra copilului, care poate dura o viaţă întreagă. Acest lucru se poate manifesta în interacţiunea de început dintre mamă şi copil sau în absenţa unor persoane importante pentru lumea copilului.

Este important de lămurit faptul că un copil nu înţelege ce este dragostea, dar o simte în suflet şi suferă din cauza absenţei iubirii în comportamentul părinţilor. În asta constă esenţa durerii cu care mulţi dintre noi se confruntă în viaţă, iar consecinţele sunt dezastruoase, cu efecte pe toată durata existenţei noastre, chiar şi la bătrâneţe. Îndrăznesc să merg mai departe şi să spun că acest abandon îi afectează pe copiii şi nepoţii noştri, dar şi relaţiile pe care le avem, pentru că şi ele sunt expuse durerii care există în amintirile noastre ascunse.

Căutarea iubirii

Fiecare copil vrea să primească dragoste şi vrea să simtă o apropiere din partea părinţilor lui şi orice fel de perturbare a acestui proces afectează crucial restul vieţii acestuia. Privarea subită sau retragerea iubirii are efect asupra creierului copilului. Până la urmă, copilul era într-o stare de iubire necondiţionată înainte de naştere, cât timp mama îi oferea totul, apoi când apare o schimbare după naştere şi el nu mai primeşte această iubire hrănitoare efectul este teribil. Este posibil ca părinţii, la rândul lor, să nu fi avut iubirea şi îngrijirea de care au avut nevoie sau poate că alte circumstanţe i-au oprit din a le mai oferi iubire copiilor lor. Nu putem oferi ceva ce nu avem.

Lipsa iubirii şi consecinţele pe care le are asupra vieţii noastre ridică o problemă în ceea ce priveşte dezvoltarea copilului, care a fost explorată şi cercetată în psihologie timp de mulţi ani. Cea mai cunoscută cercetare priveşte teoriile ataşamentului care explorează relaţia dintre mamă şi copil. Căutarea iubirii reprezintă nevoia cea mai importantă a fiinţei umane.

Trebuie să subliniez aici că dragostea are un efect important asupra felului în care funcţionează creierul nostru şi a modului în care ne descurcăm în lume, pentru că legătura dintre lumea relaţiilor şi noi este creierul. De fiecare dată când menţionez experienţele dureroase timpurii, mă refer, de fapt, la privarea de iubire. Experienţele dureroase timpurii devin fundaţia pe care se construiesc toate celelalte experienţe ale noastre şi ele atrag mai multe situaţii asemănătoare (pentru a ni le reaminti) şi consumăm mult efort în căutarea noastră de a le consolida şi de a le găsi o soluţie. Acestea sunt toate experienţele pe care nu le-am înţeles. Ele produc atât de multă frică, încât pot influenţa tot ceea ce facem de-a lungul vieţii. Acest lucru se aplică în special dacă mama nu a încurajat copilul îndeajuns şi nu i-a oferit acestuia sentimentul de siguranţă, dezvoltând astfel abilitatea copilului de a se adapta la energia în permanentă schimbare din mediul înconjurător.

Când suntem încă tineri, nu înţelegem toate aceste lucruri. Treaba creierului nostru este să ne ajute să supravieţuim, însă el a înregistrat toate amintirile dureroase în încercarea falsă de a ne proteja în cel mai bun mod posibil. Creierul este construit să facă faţă schimbărilor constante într-o lume mereu agitată a relaţiilor pe care le avem, prin maniere uimitoare de a ne adapta la modificările mediului înconjurător, care sunt esenţiale pentru supravieţuirea noastră. Aceste modalităţi de adaptare au fost de ajutor într-un anumit moment al vieţii noastre, dar nu şi mai târziu, când am dezvoltat un intelect care ne permite să ne descurcăm şi când reacţiile respective de adaptare, de fapt, ne paralizează.

Relaţia dintre durere şi frică

Relaţia dintre durere şi frică este foarte importantă şi relevantă în ceea ce priveşte comportamentul nostru şi luarea deciziilor în viaţă. Dacă durerea unei experienţe timpurii este intensă, frica devine mai puternică şi acţionează ca un agent de supravieţuire. Ea menţine copilul în viaţă fără a-i permite să simtă sentimentele extrem de dureroase care i-ar putea cauza distrugerea. De asemenea, ne permite să blocăm sentimentul de durere şi, chiar şi mai târziu, în viaţa adultă, ne ajută să nu simţim durerea.

Fricile sunt şi ele amintiri ascunse, fiind neplăcute şi dureroase. Nu ne dorim să simţim frică. O evităm cu orice preţ şi încercăm s-o controlăm la fel cum ea controlează durerea. Teama îl determină apoi pe copil să dezvolte reacţii de adaptare pentru a se proteja de durerea neplăcută şi, mai târziu, chiar de frică, ce este percepută ca o amenințare sau un pericol. De asemenea, reacţiile de protecţie ajung tot amintiri ascunse, sub forma reacţiilor emoţionale, fizice şi vizuale la stimuli. Copilul începe să construiască un personaj folosit ca o interfaţă, ca mecanism de apărare, pentru a nu-i mai fi frică şi, bineînţeles, durerea adâncă este protejată de frică. Dacă aceste reacţii apar foarte devreme, ele devin amintiri ascunse. Chiar dacă nu ajung acolo, dar sunt repetate destul de des, noi nu mai suntem conştienţi că le manifestăm. Asemenea respiraţiei — în majoritatea timpului nu suntem conştienţi de respiraţie —, aceste reacţii devin automate.

Reacţia de supravieţuire în faţa durerii este bazată pe frică. Este o amintire fără cuvinte, *amintirea sentimentului de frică* aşezată în creier sub forma conexiunilor biologice. Ea nu este înţeleasă raţional şi nu poate apărea în minte ca o amintire reală. Această *amintire a sentimentului de frică* poate fi declanşată uşor de stimuli exteriori. De exemplu, un apel telefonic, care se dovedeşte a fi ori o simplă greşeală (am sunat la numărul greşit), ori cineva care nu are timp să vorbească cu noi, ar putea declanşa depresie, pentru că sentimentul continuu, perpetuu este frica de a fi respinşi — *nimănui nu-i pasă de mine.* Acest *sentiment de frică* este un semnal de alarmă care ne arată că sistemul este în pericol de a simţi durere. Declanşatorii, cum sunt apelurile nereturnate (*el sau ea nu vrea să vorbească cu mine*), nu sunt reali acum, dar au fost reali în momentul în care copilul a simţit durerea respingerii şi, în consecinţă, frica de acea durere.

Putem înţelege experienţele dureroase la care am fost expuşi (abandon, pedeapsă, neglijare, abuz, sentimentul de a nu fi iubit sau îngrijit) ca rezultat al faptului că am fost crescuţi de părinţi deprimaţi. Din cauza incapacităţii copilului de a nu înţelege experienţele dureroase, el simte imediat frică pentru a putea supravieţui. Aceste reacţii de frică sunt, de asemenea, amintiri ascunse.

Uneori, când devenim anxioşi în legătură cu viaţa şi speriaţi fără motiv, frica este cea care ne protejează. Fiind conectată la amintirea ascunsă a durerii, ea reprezintă un mijloc de protecţie pentru noi. Frica este o provocare şi mai mare, pentru că reprezintă lucrul de care majoritatea dintre noi fugim sau pe care încercăm să-l evităm. Prin urmare, dezvoltăm o altă reacţie cerebrală în încercarea de a ne atenua fricile. Această reacţie ne poate determina să adoptăm diverse tehnici de evitare a situaţiilor în care este posibil să fim răniţi, cum ar fi să ne opunem, să facem compromisuri, să ne folosim de agresivitate, să atacăm oameni, să ne conformăm, să nu acţionăm, să vorbim prea mult sau deloc. Adoptăm aceste strategii încercând să ne depăşim temerile. Din nefericire, ele servesc doar la sporirea fricilor noastre şi sfârşim prin a obţine exact opusul faţă de ce ne-am dorit. Viaţa devine un efort constant de a fugi din calea fricii, care bineînţeles este o frică şi mai mare, şi ajungem să construim tot mai multe temeri pe parcurs. Cu cât fugim mai mult, cu atât ne este mai tare frică. Dacă ne luptăm cu frica, ea devine şi mai puternică.

Când răspunzi războiului cu război,
nu câştigi niciodată.

Protectorul nostru

Am stabilit că sentimentele dureroase sunt amintiri create în sistem înainte să avem capacitatea de a le înţelege. Ca rezultat al experienţei dureroase, mai multe căi neuronale sunt activate simultan şi se asociază între ele pentru a forma tipare de reacţie la frică. Aceste tipare de reacţie sunt procese mentale construite de reţeaua neuronală: creaţia conexiunilor neuronale păstrată în memoria ascunsă (implicită), unde sunt construite experienţele de viaţă şi modalităţile de adaptare folosite ca răspuns în faţa pericolului. De-a lungul anilor, creierul devine tot mai priceput în a se adapta la cererile mediului înconjurător prin dezvoltarea a ceea ce eu am numit *Protectorul* nostru. Creierul răspunde la aceste experienţe generatoare de temeri printr-o mai bună organizare de conexiuni neuronale care să ne protejeze de durerea pe care nu o înţelegem şi pentru a evita frica.

Comportamente precum a fi retras, liniştit, timid, depresiv, mânios sau a acţiona într-un mod periculos sau agresiv reprezintă răspunsurile *Protectorului* nostru în faţa durerii şi a fricii de a nu fi iubiţi. Acest lucru se poate întâmpla oricând şi la vârsta adultă, imediat ce ne simţim în pericolul de a fi respinşi. Creierul poate fi blocat, efectiv, din dorinţa de a nu simţi din nou durerea sau frica. Ne poate fi teamă de acţiunile oamenilor, de ceea ce ne pot face ceilalţi. În relaţii, sentimentele adânci, îngropate, simţite la respingerile anterioare pot dezvălui că noi trăim inconştient cu frica de a fi părăsiţi de partener, de a rămâne singuri. De aceea, este posibil să folosim comportamente protectoare care pot fi pline de contradicţii. De exemplu, spunem da şi zâmbim, când de fapt vrem să zicem nu; s-ar putea să zâmbim atunci când ascultăm critici sau veşti proaste, e posibil să fim de acord să facem lucruri pentru alţi oameni, în timp ce în adâncul nostru nu ne dorim să facem asta; putem deveni furioşi, agresivi şi mincinoşi.

Aceste încercări eşuate sunt, de fapt, mecanisme de supravieţuire destinate să ne protejeze în faţa fricii, în timp ce teama însăşi este destinată să ne protejeze de durere cât timp suntem copii. Pe măsură ce înaintăm în vârstă, aceste mecanisme de supravieţuire rămân şi devin comportamente protectoare — la propriu, comportamente pe care le folosim pentru a ne proteja. Frica devine un fel de semnal care ne avertizează că durerile primare, adânci sunt foarte aproape. Atunci, frica suprimă durerea. Cu alte cuvinte, îi spune durerii să dispară, *pentru a mă proteja* şi *Protectorul* nostru face acelaşi lucru suprimând frica. Practic, îi cere fricii să dispară, *nu vreau să îmi fie frică.* Aşadar, ceea ce funcţionează pentru noi, copii fiind, poate lucra împotriva noastră când suntem adulţi.

Toate aceste reacţii sunt o mască care suprimă şi caută să evite expresia fricilor noastre. Asemenea modalităţi de adaptare şi mecanisme de apărare se manifestă în diferite moduri pentru a răspunde diferitelor situaţii. În acelaşi timp, aceste amintiri ascunse sunt organizate diferit ca reacţii în faţa pericolelor reale sau imaginare. Durerea amintirilor noastre din copilărie poate fi văzută în fiecare expresie facială a noastră şi în fiecare celulă din corpul nostru. În încercarea noastră de a nu simţi durerea şi frica, ne punem o mască pentru a ascunde acest lucru. Însă, durerea devine şi mai puternică *tocmai pentru că* încercăm să o suprimăm. Funcţiile creierului uman au drept scop să ne sprijine supravieţuirea. Cu toate astea, este posibil să nu fie eficiente, din moment ce reacţiile de acest tip ne îngrădesc, în acelaşi timp.

Experienţa noastră timpurie din uter reprezintă prima etapă de construire a protecţiei de supravieţuire. Dacă mama trece prin orice fel de situaţie dificilă şi nu se simte bine pe parcursul sarcinii, atunci copilul nenăscut poate percepe mediul său ca fiind unul neprimitor. Aceasta este prima experienţă în care copilul simte respingerea. Copilul nenăscut se poate conecta la gândurile şi visele mamei şi acest lucru adaugă o altă variabilă fundamentală la crearea *Protectorului.* Atunci când copilul se naşte, e predispus de memoria lui inconştientă să interacţioneze cu noi experienţe dureroase după ce vine pe lume. O astfel de predispoziţie dă putere personajului protector. Predispoziţia poate fi însă vindecată dacă, de exemplu, copilul nu trăieşte experienţe dureroase după naştere.

Am vorbit despre rolul creierului de a ne proteja de experienţele dureroase ca strategie de asigurare a supravieţuirii în prima parte a vieţii. De aceea, învăţăm să ne prezentăm lumii cu o mască pentru a putea depăşi situaţiile periculoase şi a continua să trăim, scopul principal al omului. Aşadar, pentru a începe vindecarea şi pentru a ne descoperi *adevăratul eu*, este necesar să explorăm şi să înţelegem mai bine modul în care amintirile ascunse ne influenţează şi funcţionează în interiorul nostru. În capitolul următor vom vorbi despre înţelegerea efectelor acestor amintiri ascunse şi vom începe să le gestionăm în loc să le suprimăm sau să luptăm împotriva lor. Cu alte cuvinte, le vom simţi, vom înţelege originea lor şi le vom elibera pentru nu mai fi limitaţi de ele şi pentru a putea deveni ceea ce suntem cu adevărat.

Capitolul 4
Mecanismul nostru de răspuns automat (*Protectorul*)

Protectorul *nostru ne vine în apărare schimbând în mod constant măştile pe care le purtăm aşa încât să ne putem adapta la orice posibilă situaţie ameninţătoare.*

Protectorul

Protectorul nostru foloseşte nenumărate strategii de evitare pentru a ne împiedica să simţim durere şi pentru a ne ajuta să supravieţuim. În situaţii reale de viaţă sau în orice moment în care ne pierdem concentrarea sau când nu mai suntem în timpul prezent, *Protectorul* nostru poate prelua comanda, poate pune stăpânire pe noi. Acţiunile noastre au ajuns să fie o reacţie la anumite situaţii din trecut ignorate/uitate în mod conştient. În timp, *Protectorul* se dezvoltă antrenându-se permanent pentru a deveni un alt personaj, de sine stătător, o mască pe care o purtăm pentru a ne proteja pe noi înşine şi care, în acelaşi timp, ne ajută să ascundem ceea ce suntem cu adevărat. După ce purtăm această mască pentru o perioadă de timp suficient de lungă, nu mai suntem în stare să distingem între cine suntem noi în realitate şi masca noastră sau să identificăm diferenţa între cine suntem şi cine credem că suntem. Această modalitate de a ne gestiona emoţiile/sentimentele poate fi comparată cu a juca un joc sau cu a avea un rol într-o piesă de teatru pe care nu o putem controla. Imaginaţi-vă un actor care joacă acelaşi rol timp de treizeci-patruzeci de ani; în acelaşi fel, şi noi ne transformăm într-un actor care a ajuns să-şi stăpânească atât de bine partitura exersând permanent replicile, mişcarea scenică, tiparele de interacţiune şi reacţiile la cei din jurul nostru. Un asemenea tip de repetiţie ne transformă în actorii perfecţi pe scena vieţilor noastre sau jucătorii perfecţi ai jocului pe care îl reprezintă existenţa noastră.

Regizorul este propriul nostru inconştient, care ne dă indicaţiile pentru a juca un rol din care ne este imposibil să ne sustragem. Mai mult decât atât, vom căuta în jurul nostru oamenii care îi reprezintă pe cei care ne-au rănit în trecut, de exemplu, şi îi vom distribui în piesa vieţii noastre exact în aceleaşi roluri pe care alţii le-au jucat în trecut. Jucăm alături de ei aceeaşi piesă prin interacţiunile de zi cu zi. Ne este mult mai simplu să-i vedem ca pe oamenii care ne-au făcut rău sau să-i facem să se conformeze rolurilor pe care noi înşine le-am imaginat pentru ei/pe care ne aşteptăm să le joace. Ba chiar este posibil ca o parte dintre aceşti oameni să răspundă întocmai aşteptărilor noastre dacă jocul nostru este suficient de convingător.

De-a lungul anilor, *Protectorul* ajunge să construiască şi să stăpânească un tipar de scheme de supravieţuire care ne permite să ne suprimăm fricile/temerile. Ajungem să fim actori talentaţi în piesa vieţii noastre, iar măştile ne ascund frica. Repetiţia constantă dă naştere unei noi personalităţi care se conformează măştii sau unui fel de a fi. Ne este apoi imposibil să ne mai despărţim de masca noastră; în fapt, cuvântul persoană provine din latinescul *persona*, care înseamnă mască — o mască/un instrument pe care uneori trebuie să o/să-l purtăm/folosim în societate. Desigur, sunt situaţii în care trebuie să fim diplomaţi şi să facem uz de acest instrument. De exemplu, la locul de muncă putem fi nevoiţi să facem compromisuri în relaţia pe care o avem cu şeful nostru, pentru că ne simţim nesiguri să procedăm altfel, dar nu avem o problemă în a-i confrunta pe cei care se află sub noi pe scara ierarhică, pentru că în privinţa lor avem mult mai multă siguranţă.

Problema cu purtarea unei măşti este dată de faptul că masca filtrează felul în care percepem noi realitatea, iar asta cu ajutorul acţiunilor noastre inconştiente, compulsive de a ne sustrage neplăcerii de a-i confrunta pe ceilalţi. Faptul de a ne reprima fricile/temerile şi de a bloca sentimentele/emoţiile care ne-ar putea copleşi presupune un consum enorm de energie. După ce purtăm masca pentru o perioadă de timp îndelungată ajungem pur şi simplu în punctul în care nu reuşim să ne mai dăm seama că avem acea mască şi nu ne mai putem desprinde de ea/nu ne-o mai putem da jos.

„Fiecare dintre noi găzduieşte în propriul univers interior un anumit număr de personaje, părţi din noi care deseori acţionează în completă contradicţie cu celelalte, generând conflicte şi tulburări mentale propriilor noastre naturi conştiente."

JOYCE MCDOUGALL, *Teatrele minţii, iluzie şi adevăr pe scena psihanalitică*

Rolul *Protectorului*

Comportamentul protectiv are mai multe straturi şi se poate manifesta în diferite moduri, în funcţie de contextul în care ne aflăm. De exemplu, în relaţii, protecţia poate însemna a accepta prea multe compromisuri, a face prea multe pentru partener, mai mult decât facem pentru noi înşine. Aceasta este o reacţie protectivă la alte reacţii trecute inconştiente pe care le-am avut faţă de durere sau de teama de a fi respinşi. Acelaşi tip de protecţie se poate manifesta prin faptul de a fi foarte amabil, prea dispus la a accepta ceva şi a nu da glas părerilor noastre despre ceea ce ne dorim noi cu adevărat de la relaţie. Aceste tipuri de protecţie pot îmbrăca forme extreme, precum simptome nevrotice manifestate prin a-ţi face griji excesiv pentru parteneri sau pentru copii ori prin a deveni hiperprotectiv şi a intra în panică atunci când partenerul este bolnav, de exemplu. Toate aceste comportamente protective pot fi reacţii la durere sau la teama de a pierde ceva/pe cineva. Protecţia se poate manifesta şi în mod agresiv, prin furie sau reacţii impulsive, care apar ca răspuns la situaţii inconştiente din trecut în care ne-am confruntat cu lipsa de atenţie sau sentimentul de abandon.

Putem să identificăm comportamente protective şi la oameni care luptă pentru o anumită cauză, fie că vorbim aici despre libertate, pace sau persoanele mai puţin privilegiate, dar care îmbrăţişează cauza respectivă în mod obsesiv. Sigur că este mai mult decât legitim să lupţi pentru cauze care merită susţinute, dar aici mă refer la acele situaţii când totul se transformă într-un fel de obsesie de *a salva* alţi oameni sau alte cauze într-o manieră nevrotică, sau încercarea de a face pace cu orice preţ.

Din nou, acest tip de protecţie este o reacţie la experienţe din trecut în care am simţit că nu ni s-a făcut dreptate. Protecţia poate, de asemenea, să se manifeste şi sub forma încercării de a fi un perfecţionist, de a ţine tot timpul lucrurile sub control. În astfel de situaţii, vorbim despre o reacţie la imaturitate, atunci când copiii de vârstă destul de mică au fost nevoiţi să se maturizeze prea repede şi nu au fost stimulaţi într-un fel afectuos. De exemplu, atunci când nu le-a ieşit ceva din ceea ce-şi propuseseră sau când au făcut o greşeală, nu au avut pe nimeni care să le spună că este perfect acceptabil să greşim, că aceasta este modalitatea prin care învăţăm. Aceşti copii s-au trezit lăsaţi să rezolve de capul lor o mulţime de probleme. Poate că au avut parte de părinţi care nu erau disponibili/alături de ei/prea ocupaţi sau care pur şi simplu crescuseră şi ei exact în acelaşi fel; este posibil ca şi părinţii, la rândul lor, să nu fi avut parte de atenţie când au fost, la rândul lor, copii, iar din această cauză să fie incapabili să le ofere copiilor lor ceea ce ei nu sunt în stare să acorde. În felul acesta, îşi învaţă şi copiii să adopte acelaşi tip de protecţie.

Acest fel de protecţie se mai poate manifesta şi prin faptul de a fi foarte independent, de a fi incapabil să primeşti orice fel de ajutor/sprijin, precum şi prin imposibilitatea de a stabili o legătură cu partenerul dintr-o relaţie sau de a gestiona relaţiile de muncă dificile. Copiii care se găsesc în astfel de situaţii cresc dezvoltându-şi un *Protector*, ceea ce înseamnă că de cele mai multe ori lucrează singuri şi le este dificil să funcţioneze ca parte a unui grup sau a unei echipe. Ei cresc renunţând prea curând sau construindu-şi o protecţie din a se recupera extrem de repede când au de-a face cu situaţii similare de pierdere. *Protectorul* lor încearcă să fie puternic ca reacţie de reprimare a amintirilor dureroase din situaţiile în care nu puteau să se descurce singuri. În mod ironic, ei au tendinţa de a ajunge să fie singuri oricum. Un exemplu extrem al acestui tip de protecţie ar fi masca „sfântă", purtată de o persoană care a jurat să fie celibatară, să locuiască singură şi să devină foarte spirituală. Probabil el sau ea îşi suprimă durerea şi frica de respingere, iar aceasta ar putea fi o cale extraordinară de a scăpa, pentru că, practic, nu poate tolera să trăiască o viaţă obişnuită în care riscă să iubească pe cineva şi să fie respins.

„Nu scăpăm uşor de rolurile care sunt doar ale noastre. Fiecare dintre noi este atras într-o dramă a vieţii în desfăşurare, în care acţiunea se dezvăluie în mod nefiresc de repetitiv."

JOYCE MCDOUGALL, *Teatrele minţii, iluzie şi adevăr pe scena psihanalitică*

Toate acestea arată că noi ne scriem, în mod inconştient, propriile scenarii, anticipând desfăşurarea acţiunii şi atrăgând oameni în rolurile gândite. Totul a fost pregătit cu mult timp în urmă, pe când eram doar nişte copii, prin felurile în care am experimentat lumea şi din presupunerile rezultate pe care le-am avut în privinţa viitorului. Scopul principal atunci când suntem copii este să supravieţuim cât putem de bine şi nu ne dăm seama că, de fapt, noi construim un desfăşurător şi un scenariu pentru viitor. Urmează apoi să ne petrecem tot restul vieţii căutând restul distribuţiei pentru a ne împlini visurile pe scena vieţii, iar actorii apar deseori în relaţiile noastre. Ulterior, în perioade agitate, toate experienţele dureroase nerezolvate ne oferă dramatismul care se desfăşoară sub forma unui act inconştient compulsiv al unui personaj protector.

În mod ironic, o astfel de compulsivitate inconştientă este activată pentru a scăpa de suferinţă şi pentru a evita frica, adunată în ani de repetiţie, care a permis durerii să existe prin suprimarea ei. *Protectorul* nostru este cheia care ne poate ajuta să înţelegem cum am devenit cei care credem că suntem şi cum ne putem ajusta limitările pentru a deveni ceea ce suntem cu adevărat.

Înainte de a face orice fel de încercări pentru a rezolva relaţia cu *Protectorul* nostru, este nevoie să explorăm dinamicile lui în creierul nostru şi modul prin care aceste procese ne limitează. Rolul *Protectorului* este de a reprima durerea şi frica, de a ne apăra de ele. Din păcate, o astfel de împotrivire este mai dureroasă decât durerea şi frica însăşi şi de multe ori ne păcăleşte să credem că durerea dispare. În acelaşi timp, durerea loveşte mai tare când încercăm s-o blocăm şi riscăm să devenim impasibili, amorţiţi, lipsiţi de sentimente. Suferim consecinţele vieţii trăite prin manifestarea comportamentelor noastre protectoare. Preţul plătit poate fi că nu obţinem ceea ce ne dorim de la viaţă.

Protectorul ne va provoca mereu în legătură cu motivele noastre de teamă şi cu modul prin care luptăm să scăpăm de frică. Ironia este că această luptă atrage situaţii care corespund fricilor noastre. Chiar dacă nu atragem astfel de stimuli, generăm o percepţie falsă care întruchipează stimulii pe care îi transformăm într-un obiect de temut. Atunci ne ataşăm de fricile noastre şi de percepţia noastră despre ele.

Nu trebuie să ne temem decât de frica însăşi

Dacă vă este frică de singurătate, veţi vedea singurătate peste tot unde mergeţi şi este posibil chiar să deveniţi persoane singuratice şi să suferiţi până când, în final, renunţaţi, cedaţi. Dacă vă e frică de sărăcie, veţi descoperi numai sărăcie. Viaţa va invita în ea sărăcia sau oameni care sunt lipsiţi de mijloace, pentru că frica pe care o trăiţi va atrage în viaţa voastră experienţa de a avea legături cu oameni fără posibilităţi. Pe de altă parte, puteţi avea o relaţie cu oameni care vă vor face să pierdeţi banii pe care-i aveţi. Acest tipar se va repeta până nu veţi mai avea această frică.

Creierul uman interacţionează constant cu ceilalţi şi astfel ar trebui să începem să ne înţelegem *Protectorul* şi ceea ce îl conduce, prin observarea reacţiilor noastre şi a semnificaţiei acestor interacţiuni.

În acest punct, relaţia dintre memorie şi *Protector* este crucială. Amintirile noastre ascunse apar sub forma experienţelor din prezent. Aceste amintiri construiesc o lume a reacţiilor organizate de experienţele interiorizate în trecut. Când aceste amintiri sunt declanşate de stimuli, apar comportamentele protectoare în timp ce suntem asaltaţi de reacţii emoţionale profunde, care ne modifică rapid starea mentală. Ne putem bloca, putem intra în transă, putem reacţiona cu furie sau putem plânge. Ne putem pierde controlul şi putem ajunge să reacţionăm cu totul altfel decât în mod obişnuit. Asemenea comportamente ascunse, protectoare, reacţii şi mecanisme de apărare modifică realitatea pentru a ne atinge scopul, acela de a reduce frica. Aceste comportamente de protecţie sunt totodată amintiri inconştiente folosite în trecut pentru a controla anxietatea şi frica, astfel încât să ne simţim în siguranţă.

„De fiecare dată când alegem siguranţa,
dăm putere fricii."

CHERI HUBER, SCRIITOR ŞI ÎNVĂŢĂTOR ZEN

Protectorul nostru este activat de stimuli proveniţi din mediul înconjurător sau din relaţiile pe care le avem, sau de prezenţa anumitor oameni ori situaţii, sau dintr-o experienţă similară cu o situaţie trecută. El suprimă experienţa durerii, fricii şi emoţiei. Amintirea adâncă, inconştientă a durerii şi fricii încorporată în vieţile noastre ne influenţează percepţiile, emoţiile, comportamentele şi senzaţiile fizice de-a lungul timpului — prezent, trecut şi viitor. Acestea sunt reţele neuronale vechi de amintiri care nu au simţul timpului sau al vârstei şi rămân în forma lor originală. De asemenea, nu au nici simţ de sine. Când revin în minte, nu ne dăm seama că ne reamintim, pentru că *Protectorul* intră imediat în acţiune şi opreşte durerea. Şi, din nou, după mulţi ani de repetare a comportamentelor protectoare, creierul formează o reţea neuronală de apărare. *Protectorul* este construit tot din conexiuni cerebrale.

Explicaţia comportamentelor noastre de protecţie

Profesorul Hugo Critchley, comanager al Sackler Centre for Consciousness Science de la Facultatea de Medicină din Brighton şi Sussex, sugerează că, dacă în copilărie nu suntem ajutaţi aşa cum ar trebui să ne înţelegem emoţiile, creierul îşi creează diverse strategii de adaptare şi mecanisme de apărare.

Permiteţi-mi să explic, pe scurt, despre ce anume vorbesc. Într-o familie în care unul dintre membri (să zicem un părinte) dispare sau pleacă fără prea multe explicaţii, sau în care un copil este respins de unul sau de ambii părinţi, este posibil ca acel copil să nu înţeleagă pierderea trăită. Pur şi simplu, copilul nu înţelege, dar simte pierderea. El creşte dezvoltând o strategie de a renunţa prea repede la relaţii, mai ales dacă simte un semn de respingere sau poate construi o protecţie intrând rapid într-o altă relaţie sau revenindu-şi prea repede când se confruntă cu situaţii de pierdere asemănătoare; toate astea pentru a nu simţi nicio durere. În aceste situaţii, *Protectorul* încearcă să-l împiedice să simtă durerea din nou ca reacţie a suprimării amintirilor dureroase ce implică pierderea.

Aceşti copii cresc căutând iubirea ca oricine altcineva, dar când se apropie de o altă persoană, corpul lor îşi aminteşte durerea cauzată de pierdere şi respingere, *Protectorul* lor intră în funcţiune şi ei renunţă la relaţie exact când au mai mare nevoie de ea. *Protectorul* nu le va permite să iubească sau să dezvolte o relaţie cu un partener, protejându-i de o altă experienţă dureroasă a respingerii. Este important să subliniez aici că strategia adoptată de ei, sub îndrumarea *Protectorului*, nu se află în mintea conştientă, ci în cea inconştientă. Ceea ce înseamnă că aceşti copii pot rămâne singuri şi la vârsta adultă: exact ceea ce încearcă să evite. Iată un exemplu clar al modului în care intenţiile noastre sunt contrazise de acţiunile proprii.

Însă, dacă la momentul potrivit copilul este ajutat într-o manieră adecvată pentru a înţelege ceea ce s-a întâmplat cu membrul dispărut al familiei, din partea cuiva care îi explică motivele absenţei acelei persoane şi care îi permite să-şi exprime sentimentele şi anxietatea, atunci el începe să-şi înţeleagă emoţiile. În acest caz, copiii îşi trăiesc şi acceptă emoţiile, se simt în siguranţă ştiind că sentimentele lor sunt fireşti şi pot dezvolta capacitatea de a lăsa această experienţă în urmă. Dacă nu, durerea rămâne neatinsă împreună cu frica de a înfrunta durerea. *Protectorul* dezvoltă tehnici de apărare cu scopul de a reduce anxietatea şi frica.

Un alt exemplu: dacă un părinte dispare brusc fără să-şi ia rămas-bun sau moare brusc, copilul pierde conexiunea foarte repede, fără să înţeleagă acest lucru. Separarea definitivă, anxietatea şi frica rămân în mintea copilului pentru totdeauna şi va dezvolta un mecanism de apărare pentru a evita o nouă durere similară. Astfel de copii devin foarte independenţi, renunţă la relaţii atunci când apar conflicte şi trec repede la crearea unor noi conexiuni. O altă formă de protecţie este să adune cât mai mulţi oameni în jurul lor devenind foarte darnici. Ei oferă pentru ca oamenii să le fie alături. E posibil să aibă mai mulţi parteneri, pentru că nu au încredere în nimeni sau pentru că nu cred că cineva i-ar iubi îndeajuns pentru a rămâne cu ei. Puteţi observa cât de dureroase sunt aceste sentimente şi faptul că nu vrem să le trăim din nou, dar ele nu dispar odată cu timpul; de fapt, devin din ce în ce mai puternice.

O clientă care a venit la mine avea un tipar relaţional extrem de neobişnuit. Îşi dorea foarte mult o relaţie de iubire, dar, oricând se apropia cineva de ea, se simţea amorţită şi inabordabilă, iar bărbaţii nu-şi mai doreau să fie cu ea. A avut o relaţie foarte bună cu părinţii şi nu a trăit sentimentul separării în copilărie. Eram complet confuz, pentru că nu înţelegeam cum a ajuns această formă de protecţie în creierul ei. În timpul şedinţelor noastre, a menţionat la un moment dat că la naştere s-a îmbolnăvit, de aceea a fost luată de lângă mama ei şi pusă într-un incubator pentru câteva săptămâni. În această perioadă, mama ei nu prea a putut s-o vadă sau s-o atingă. Bebeluş fiind, clienta mea a dezvoltat o anxietate severă şi frica de separare fără capacitatea de a o înţelege. Consecinţele se manifestau de fiecare dată când un bărbat iubitor apărea în viaţa ei. Creierul ei reacţiona pentru a o proteja de separare şi ea amorţea durerea îngheţând cu totul, devenind aşadar inabordabilă.

Conform cercetărilor din domeniul dezvoltării copilului, un tipar comun observat printre copiii abandonaţi de un părinte este că ei nu înţeleg ce s-a întâmplat atunci şi, în momentul reîntâlnirii cu părintele respectiv, ei îl resping, evitând în felul acesta să fie abandonaţi din nou. Respingerea persoanei pe care o iubesc foarte mult creează un caracter protector de respingere. În acest caz, strategia *Protectorului* este să-l respingă pe cel pe care îl iubim cel mai mult. Aceşti copii pot creşte dorind iubire şi relaţii fericite, dar atunci când au astfel de sentimente pentru un partener, această situaţie stimulează durerea şi frica de abandon. Protecţia se poate manifesta prin mânie, critică, respingere sau chiar agresivitate. Evident că partenerul nu înţelege ce se întâmplă şi deseori reacţionează într-o manieră care reîntăreşte protecţia. Acesta este un alt exemplu care arată clar cum şi de ce intenţiile noastre pot fi în contradicţie cu felul în care ne comportăm.

Puteţi observa din exemplele de mai sus că *Protectorul* nostru este mecanismul de apărare construit de conexiuni neuronale care influenţează fiecare aspect al vieţii şi al relaţiilor noastre. Ironia este că, deşi experienţele dureroase din trecut au încetat, răspunsurile şi reacţiile noastre încă rămân în memoria ascunsă, inconştientă şi se manifestă în mod repetat în vieţile şi relaţiile noastre conştiente, sub îndrumarea *Protectorului.* Trăim cu o strategie continuă de control al pericolului. Mesajul important de aici este că o experienţă neînţeleasă este o experienţă nerezolvată şi incompletă. În consecinţă, reacţiile noastre se tot repetă, ca o casetă înregistrată în inconştientul nostru.

Teoria psihodinamică a lui Heather Berlin şi a lui Christof Koch sugerează că există o dinamică inconştientă care lucrează în defensivă, eliminând din conştientul nostru gânduri şi impulsuri ce provoacă anxietate. Aceste procese, care împiedică gândurile nedorite să pătrundă în mintea noastră conştientă, sunt cunoscute ca mecanisme de apărare şi includ refularea, reprimarea şi disocierea. Scopul principal al comportamentului de apărare este să suprime orice durere cauzatoare de anxietate. Ideea de suprimare datează încă de pe vremea lui Sigmund Freud, părintele psihanalizei, ca mijloc de înlăturare din conştientul nostru a gândurilor, amintirilor, emoţiilor, fanteziilor şi dorinţelor nedorite, care determină sentimente de anxietate.

Dacă un copil nu înţelege cum să facă faţă durerii, frica îşi face simţită prezenţa. Dacă nu înţelege cum să facă faţă fricii, înseamnă că nu a primit sprijin în acest sens din partea părinţilor sau a familiei. Pentru a face faţă acestei experienţe dureroase, copiii dezvoltă un alt strat de apărare, care este Protectorul.

Aceste tipare de protecţie se răspândesc în toate aspectele vieţii noastre — de exemplu, în felul în care interacţionăm în relaţii, afaceri, carieră, rolul de părinte, luarea deciziilor etc. Ele determină ce alegem să facem şi ce evităm în viaţă. De asemenea, ele devin baza atenţiei noastre, fundaţia presupunerilor pe care le facem despre situaţii, experienţe viitoare şi oamenii din jurul nostru. Este posibil să folosim aceste strategii de apărare de tip adaptare de-a lungul întregii vieţi. Ele joacă un rol important în modul în care luăm decizii, în care ne stabilim anumite limite sau ratăm diferite şanse.

Dacă privim cu atenţie toate experienţele şi tiparele noastre relaţionale, putem observa cum comportamentele noastre protectoare repetă situaţiile într-o manieră continuă, repetitiv. Vom găsi o temă comună în tot ceea ce facem în viaţă. De exemplu, creştem văzând cum interacţionează familia şi reacţionăm la situaţii în diferite moduri, astfel dezvoltăm un tipar de adaptare folosit de cei care au avut grijă de noi. Apoi, mai târziu, părăsim casa părintească şi întâlnim pe cineva cu moduri diferite de adaptare. Această situaţie poate crea conflicte, pentru că *Protectorul* nostru funcţionează pe baza repetiţiei primite şi a învăţat să se adapteze la conflicte familiale în felul în care o făcea propria familie.

Conflictul apare deoarece creierul nostru a fost educat, prin toate modurile posibile, să reacţioneze, să aibă aşteptări şi să anticipeze ce ar trebui să se întâmple într-o relaţie. Atunci, vom ajunge imediat să arătăm cu degetul spre cealaltă persoană din relaţie. De fapt, putem merge atât de departe încât să dăm vina pe cealaltă persoană tocmai pentru lucrul de care noi suferim, de fapt, în mod inconştient. Creierul nostru va vedea oamenii doar în felul în care a fost pregătit, învăţat să-i vadă. Relaţia devine un teren de luptă, întrucât fiecare persoană încearcă s-o convertească pe cealaltă la modul ei de gândire. Ceea ce este chiar mai important, creierul este educat să privească în exteriorul său, dar nu către el însuşi, prin urmare, câtă vreme nu ne vom uita către noi înşine, îi vom găsi tot timpul pe ceilalţi vinovaţi.

Dinamica ascunsă a *Protectorului*

Toate aceste strategii de apărare ne fac să simţim, să percepem şi să acţionăm în anumite feluri pentru a ne proteja de frică. Sfârşim prin a face compromisuri şi a ne limita în orice facem în viaţă. Structura mecanismului de apărare este ca o armură pe care o purtăm. Este o adaptare împotriva pericolului imaginar sau real care ne face să nu mai simţim frica. Ne trăim viaţa jucând jocul încercării de a nu fi descoperiţi. Fiinţele umane folosesc multe metode de evadare, fie prin suprimarea fricii, prin fugă sau prin rămânerea pe loc, inerţi. Freud a afirmat că aceste mecanisme de apărare reprezintă moduri în care s-au organizat reţelele cerebrale pentru a face faţă dificultăţilor. Ele sunt gânduri, sentimente şi comportamente ce sunt împiedicate de la a fi integrate în conştientul nostru.

Deseori, *Protectorul* ia forma unor acţiuni compulsive inconştiente cu scopul de a se elibera de durere prin reprimarea fricii. Când percepem respingere din partea altei persoane, ea poate induce o modificare a stării noastre mentale. Respingerea ne aminteşte de propria copilărie. Sentimentul respingerii şi asocierea lui cu amintirile ascunse din experienţe trecute induce un impuls comportamental de fugă precum cel adoptat, de exemplu, în faţa unui părinte mânios sau a unei mame depresive. De asemenea, poate determina senzaţii fizice de tensiune şi durere. Aceste legături sunt făcute foarte repede, fără a fi conştienţi de ele şi fără a avea sentimentul că ne amintim ceva.

„Foarte multe activităţi umane sunt efectuate (fie în scopuri pozitive, fie în scopuri negative) pentru a fi acceptaţi de ceilalţi.“

RANDALL PARKER, „BRAIN SCAN SHOW REJECTION CAUSES PAIN SIMILAR TO PHYSICAL PAIN“ (14 OCTOMBRIE 2003), *BIOLOGICAL MIND*

Pentru a câştiga aprobarea celorlalţi, *Protectorul* nostru poate purta masca de persoană iubitoare în scopul de a-şi ascunde frica de a fi respins sau de a fi singur, dar şi frica de durerea simţită la prima experienţă a abandonului. A te ascunde în spatele unei măşti de orgoliu ce declară „Eu vreau să fiu singur/ă“ sau „Nu am nevoie de nimeni“ este tot o metodă de apărare în faţa fricii cauzate de durerea respingerii.

La fel de bine putem purta masca *Salvatorului*, ajutându-i pe oameni pentru a ne acoperi frica de abandon şi nevoia de a fi salvaţi. Încercăm să dobândim sentimentul că ceilalţi au nevoie de noi. *Protectorul* nostru se manifestă prin controlarea oamenilor prin iubire sau ajutându-i ori salvându-i, în mod excesiv. Prezenţa acestui comportament poate indica faptul că o persoană încearcă să ofere oamenilor ce i-a lipsit în copilărie şi nu vrea să rişte să ceară acel lucru pentru ea însăşi, de frica respingerii. În acest mod, persoana respectivă simte că deţine controlul, chiar dacă, de fapt, cel care controlează este *Protectorul* şi pericolul respingerii este zero.

Protectorul nostru interacţionează deseori cu *Protectorii* altor oameni şi ei se pot susţine reciproc. De exemplu, dacă experimentăm teama de pierdere, este posibil să fi dezvoltat un *Protector* cu reacţia de a ne ataşa de lucruri şi de a nu renunţa la ele. Din cauza acestei frici, este posibil să evităm şi să cheltuim bani. În acest caz, s-ar putea să atragem pe cineva care are aceeaşi frică de pierdere, dar îşi ascunde frica de a primi simulând generozitatea şi cheltuindu-ne banii.

Personalitatea protectoare va atrage persoane care au o dinamică asemănătoare. Fiecare va activa *Protectorul* celuilalt. De asemenea, putem schimba oameni prin intermediul *Protectorului* nostru şi invers. *Protectorul* nostru are un impact asupra oamenilor şi, dacă suntem suficient de puternici, îi putem influenţa sau chiar putem schimba modul în care ei ne tratează. Însă, dacă reuşim să-i facem să joace după regulile noastre, pierdem. Cu alte cuvinte, ne facem mai mult rău dacă le permitem oamenilor să ne trateze cu superioritate. Putem să judecăm comportamentul altora pe baza personalităţii lor, dar când vorbim despre noi înşine, ne explicăm comportamentul pe baza mediului ce l-a cauzat, şi nu ca un joc pe care-l jucăm. E ca şi cum am avea un punct mort când vine vorba de a ne privi pe noi înşine.

„Eu sunt singurul care rosteşte cu aceste buze cuvintele care mă pot răni."

NILAKANTA SRI RAM (1889-1973),
ÎNVĂŢĂTOR INDIAN, SCRIITOR ŞI TEOZOF

Unii oameni continuă să simtă frică, să fie nevrotici şi anxioşi pentru că le e teamă să intre în contact cu propriile spaime. Vorbim despre frica de a intra în contact cu durerea nevoii de iubire şi îngrijire care nu au fost satisfăcute în copilărie. Aceste mecanisme de protecţie (de apărare) pot fi proiectate ca fobii, cum e curăţenia exagerată sau frica de autoneglijare (exact opusul unei fobii). Putem purta o infinitate de măşti. Unele dintre comportamentele nevrotice sunt rezultatul răspunsului din trecut al unui copil în faţa pericolului. Aceste răspunsuri din trecut sunt încă vii în prezent.

Un alt caz extrem al reacţiei faţă de frică poate fi lupta pentru o cauză sau lupta împotriva nedreptăţii. Majoritatea oamenilor care luptă pentru dreptate sau pentru pace, de exemplu, sunt de fapt mânioşi, temători faţă de experienţe din trecut în care o persoană agresivă sau înarmată le-a făcut rău lor sau unui membru al familiei. *Protectorul* lor se poate masca sub forma apărătorului celor slabi, care luptă împotriva atacatorului. Este foarte posibil ca aceste persoane să fie furioase pentru că, pur şi simplu, nu sunt iubite şi îşi proiectează durerea în lupta pentru alţi oameni, pe care îi percep la fel de lipsiţi de iubire sau prost trataţi ca şi ei. Nu se poate face dreptate judecându-i pe alţii. Motivul existenţei războaielor este că îi judecăm pe oamenii împotriva cărora luptăm. A-i judeca pe alţii poate fi o altă manifestare a *Protectorului*.

Putem fi fanatici în încercarea de a-i convinge pe alţii de ceva de care nu suntem nici noi siguri. Când credem în ceea ce facem nu este nevoie să convingem pe nimeni de nimic. Dorinţa de a-i schimba pe ceilalţi — sau lumea — este în sine un act de opresiune şi reprimare a sentimentelor noastre blocate. Când ne simţim cu adevărat liberi, nu avem nevoie să vorbim despre libertate. Doar oamenii din închisoare vor să evadeze.

În cazul în care copiii au fost umiliţi sau nu sunt iubiţi ori respectaţi, s-ar putea ca ei să încerce să fugă de experienţe dureroase din trecutul lor adoptând reacţii periculoase şi distructive faţă de oameni. Este posibil să crească şi să adopte credinţe politice extreme, care susţin mijloace violente de atingere a scopurilor. Mulţi extremişti, rasişti şi grupuri fanatice se bazează pe automutilare şi nu susţin pe nimeni. Deseori, aceşti oameni caută un duşman cu care să se lupte pentru a se răzbuna pentru durerea pe care au suferit-o ei înşişi.

Dacă vrem cu adevărat pacea, trebuie să ne identificăm cu ceea ce ne aduce nouă liniştea şi împăcarea. Această acţiune va aduce pacea în lume. Liniştea interioară va depăşi în final toate războaiele şi conflictele exterioare. Nu putem opri niciun război dacă nu ne-am eliberat mai întâi de lupta noastră interioară.

Protectorul nostru este o dinamică ce încearcă să suprime războiul care se duce înlăuntrul nostru. Acest lucru ne face să percepem ca pe o bătălie tot ce este exterior nouă. Este nevoie ca noi să ne schimbăm percepţia asupra lumii bazate pe o amintire ascunsă a nedreptăţii, a durerilor şi a dezamăgirilor. Dacă reuşim această schimbare, atunci se va dezvolta toleranţa care ne va permite să acceptăm nedreptatea şi să-i facem faţă fără a lupta împotriva ei. Toleranţa nu se capătă prin învăţare, ci prin înţelegere şi înţelepciune.

„Singurii demoni sunt cei din inima noastră."

MAHATMA GANDHI

Războiul ascuns

Protectorul *ne permite să avem reacţii inconştiente declanşate de amintirile ascunse din trecut pentru a crea viitoare aşteptări false, ascunse în inconştient, care luptă împotriva realităţii.*

Fiecare dintre noi reprezintă întreaga lume. Există un mesaj pentru noi aici despre cum putem depăşi războiul interior doar privind lumea din jurul nostru cu alţi ochi. Toate încercările de a aduce pacea în lume au eşuat doar pentru că *Protectorii* noştri interiori luptă pentru pace. Nu ne plac războaiele şi judecăm naţiunile, oamenii, rasele şi ţările care luptă. Cuvântul pace reprezintă un război ascuns pentru că, atâta timp cât luptăm pentru a o obţine, de fapt creăm un alt război. Lumea nu are nevoie de încercări disperate de a face pace. Ea nu are nevoie să lupte pentru pace. În schimb, este necesară o evoluţie a conştiinţei umane care să ne dea puterea să privim mai departe de ideea încercării de a găsi pacea, chiar şi până la acceptarea războiului ca o parte a evoluţiei. Acesta este un aspect important de ţinut minte când avem în vedere vindecarea *Protectorului* nostru. El se poate preface că este pacifist. Însă, până nu conştientizăm presiunea imensă a fricii, durerii şi a războiului din interiorul nostru, care ne împinge la luptă, nu putem înţelege cauzele războiului pe care-l purtăm. Masca pacificatorului ascunde durerea intolerantă a conflictului.

„Nu trebuie să luptăm împotriva nedreptăţii, ci s-o facem vizibilă.“

MAHATMA GANDHI

Un alt mod de manifestare a *Protectorului* nostru reiese din încercările noastre de a ajuta sau de a salva oameni şi de a ne strădui să le înlăturăm durerea. Opusul este proiectarea fricilor noastre asupra altora şi judecarea lor pentru aceleaşi lucruri care nu ne plac la noi înşine.

Este extrem de important să accentuez că *Protectorul* nostru este construit de conexiuni neuronale determinate de reacţiile noastre la frică, ce se manifestă ca o formă de apărare. Ele sunt doar reacţiile noastre, şi nu ceea ce suntem noi cu adevărat. Ele au puterea de a ne modela viaţa prin alegerea a ceea ce înfruntăm sau evităm, pe măsură ce trăim fugind de durere şi căutând iubire şi confort. Aceste tipare de relaţionare sunt strategii de adaptare care, împreună cu sistemele de apărare, pot persista o viaţă întreagă. Par să aibă o minte proprie şi poate părea că nu le putem controla deloc.

Aproape toate interacţiunile noastre cu ceilalţi sunt filtrate prin lentilele trecutului care a creat modele mentale ale experienţelor dureroase desfăşurate deja. Invităm în mod constant memoria inconştientă în viaţa noastră prezentă, de aceea este posibil să experimentăm sentimente dureroase din trecut fără a fi conştienţi de faptul că acestea au avut loc deja. De exemplu, când facem compromisuri în relaţii şi suntem de acord cu lucruri pe care nu le dorim, de fapt folosim aceste încercări false pentru a ne proteja corpul, mintea şi emoţiile de pericol. Aceste reacţii au o viaţă proprie şi trăiesc în opoziţie cu intenţiile noastre conştiente. Uneori ne identificăm cu ele şi începem să credem că aşa suntem cu adevărat şi apoi ne judecăm singuri. Amintiţi-vă de câte ori v-aţi spus „nu sunt puternic/ă“, „nu sunt capabil/ă“ sau „probabil că aşa sunt eu“. A crede în corectitudinea acestor afirmaţii este începutul conturării unei poveşti false despre tine.

După ani de repetări, *Protectorul* nostru ne face să dezvoltăm idei despre cine suntem şi trăim cu acele idei, în loc să apreciem experienţa noastră imediată şi prezentă de a trăi în momentul de *acum*. Noi nu reuşim să conştientizăm că cine suntem cu adevărat este mult mai mult.

Protectorul poate influenţa modul în care anticipăm comportamentul oamenilor faţă de noi, astfel încât dezvoltăm percepţii la care să reacţionăm chiar înainte ca ei să ne rănească. Aceste percepţii devin imagini puternice şi trăim cu aceste imagini în relaţiile noastre, în loc să trăim în experienţa imediată — *acum* — care există cu adevărat între fiinţele umane. *Protectorul* s-a dezvoltat în aşa fel încât ne defineşte viaţa şi cine suntem, deci defineşte şi alţi oameni şi cine sunt *ei* prin felurile în care noi le permitem să ne trateze.

Trăim cu o strategie de a controla pericolul chiar dacă acesta nu mai există. E ca şi cum continuăm să luptăm într-un război care s-a încheiat de mult.

Am văzut la televizor o poveste fascinantă din 1950, care prezenta cum reacţiile noastre vechi continuă să ne influenţeze zilnic, în vieţile prezente. Era vorba despre câţiva soldaţi japonezi, care atacau turiştii în sudul Oceanului Pacific, mult după ce se încheiase cel de-al Doilea Război Mondial. Se pare că marina japoneză a lăsat mulţi soldaţi în urmă, pe multe insule mici din tot Pacificul, şi a uitat de ei. Aproape cinci ani mai târziu, nave de vacanţă au ajuns pe aceste insule şi au fost atacate de aceşti soldaţi care nu ştiau că războiul se încheiase. Foarte conştiincioşi, ei şi-au păstrat armele unse şi au rămas vigilenţi timp de decenii în anticiparea atacului. Luptau într-un război care nu mai exista în fapt. Chiar şi în 1951, soldaţii japonezi apărau aceste insule. Ei au refuzat să creadă că războiul se încheiase şi s-au opus oricărei încercări a marinei de a-i lua de pe insulă.

Asemenea acestor soldaţi, amintirile noastre vechi şi ascunse ţin vie lupta, susţinând stresul şi drama ale cărei cauze nici măcar nu ni le mai amintim, deoarece creierul nu este capabil să înţeleagă cauzele acestui *război*. Atenţia noastră conştientă se poate muta pe noi provocări ale vieţii, dar memoria noastră ascunsă reţine primele reacţii la frică şi durere. De aici, puteţi vedea cum funcţionează creierul: el foloseşte un tipar de activitate asociat anterior cu frica, tipar care, în prezent, poate reacţiona la semnale false. *Protectorul* este în continuare vigilent pentru orice semn de atac. Înţelegem greşit intenţiile şi reacţiile oamenilor faţă de noi şi reacţionăm ca şi cum suntem încă în război atunci când izbucnim şi vrem să ne răzbunăm. Amintirile ascunse din inconştient refuză să creadă că bătălia s-a încheiat şi continuă să lupte.

Dacă am putea (metaforic vorbind) să găsim o cale de a ajunge pe plajele inconştientului nostru profund, să-i convingem pe soldaţii loiali blocaţi acolo, în mintea inconştientă (amintirile noastre ascunse), că războiul s-a terminat, să ne permitem să simţim durerea în timp ce înţelegem că suntem în siguranţă, atunci războiul s-ar termina cu adevărat. Unul dintre faimoşii japonezi rămaşi pe insulă, Onoda, a fost, probabil, singurul supravieţuitor dintr-un grup de patru. El s-a predat la 29 de ani după capitularea oficială a Japoniei şi la 15 ani după ce a fost declarat mort din punct de vedere legal. În momentul în care a acceptat că războiul se terminase, a plâns din toată inima. Odată cu plânsul, el a început să simtă durerea războiului şi să conştientizeze că totul se încheiase. Apoi a fost capabil să trăiască vindecarea şi acceptarea dramei lui trecute. Voi discuta mai mult despre acest lucru mai târziu, în Partea a II-a a cărţii.

Amintirile noastre timpurii reacţionează ca soldaţii japonezi, păstrând trauma din trecut. De fiecare dată când avem acelaşi tip de reacţie, amintirea este modificată şi devine mai puternică. În timp ce, conştient, încercăm să trecem mai departe, amintirile noastre ascunse păstrează comportamentele protectoare vechi, mereu vigilente la posibilele semnale de atac. Când suntem ameninţaţi, putem să atacăm oameni la propriu, pentru a ne proteja. Memoria inconştientă ne duce mereu în trecut şi memoria conştientă ne aduce mereu în prezent.

Acum putem înţelege de ce reacţionăm atât de repede şi puternic la anumite situaţii: avem o memorie inconştientă vastă şi o memorie conştientă mică. Amintirile revin cu uşurinţă în minte când se repetă starea emoţională de la momentul formării lor, iar acesta se aseamănă cu starea emoţională prezentă. Este mult mai probabil să ne amintim evenimente triste când suntem în depresie, de exemplu. Cu cât tiparul de activare este mai asemănător cu cel din timpul experienţei, cu atât amintirea inconştientă va ieşi mai repede la suprafaţă.

„Animalele sălbatice fug din faţa pericolului pe care-l văd şi, după ce scapă de el, nu-şi mai fac griji. Noi, în schimb, suntem înfricoşaţi de ceea ce am văzut în trecut şi ce va urma."

SENECA

Oamenii care suferă de depresie văd, adesea, totul în negru. Memoria ascunsă le afectează percepţiile şi aşteptările faţă de ceea ce văd în prezent şi influenţează modul în care percep viitorul.

S-a realizat un experiment interesant pe tema depresiei, pe un grup de subiecţi care suferă de aşa ceva şi un grup de control de subiecţi fără depresie. Ambele grupuri au primit cuvinte de memorat. Apoi ambele grupe au efectuat un test de memorie şi s-a descoperit că cei din grupul depresiv şi-au amintit mai multe cuvinte negative decât grupul de control. Putem observa că memoria ascunsă era deja pregătită pentru a se conecta cu sentimentele negative, care au ajutat subiecţii depresivi să-şi amintească mult mai uşor cuvintele negative.

În timpul interacţiunilor noastre cu ceilalţi avem, în mod automat, reacţii reflexe pentru a ne reduce anxietatea spunând ceva pozitiv, astfel încât să nu fim răniţi. Unii oameni folosesc chiar şi fraze cu conotaţii negative pentru a evita o posibilă rănire. *Protectorul* nostru se dezvăluie prin tot felul de tehnici de adaptare, ajutându-ne să evităm confruntarea cu cea mai adâncă durere a noastră. Ceea ce face să ne simţim ca şi cum am fugi în viaţa noastră de ceva care nu mai există. Această fugă constantă poate cauza şi suferinţă, iar asemenea reacţii sunt foarte dificil de modificat, pentru că sunt formate în timpul dezvoltării noastre timpurii, ca mod de adaptare în faţa unui pericol imaginar sau real. Este un sistem de apărare construit în primii ani de viaţă la nivelul întregului sistem nervos, care a fost modificat în reţelele noastre senzoriale, motorii şi emoţionale, ca protecţie împotriva unui pericol imaginar sau real din prezent.

„Interacţiunile noastre cu ceilalţi arată ca un dans între iubire şi frică."

RAM DASS,

AUTOR ŞI ÎNVĂŢĂTOR SPIRITUAL AMERICAN

Iubire şi frică

Oare suntem victime ale trecutului nostru? Ideea de bază este dorinţa noastră de iubire şi evitarea durerii cu orice preţ.

Încercările noastre disperate de a fi iubiţi şi de a evita suferinţa pot masca un comportament prin care căutăm să fim iubiţi de teamă că nu suntem plăcuţi pentru ceea ce credem noi că suntem. Cineva care crede că nu merită să fie iubit va încerca să obţină cât mai multă iubire posibil. Acest lucru se bazează pe o primă experienţă a durerii generate de respingere şi separare. În mod ironic, dacă dorim ca oamenii să nu ne placă pentru cine suntem cu adevărat, ei ne vor plăcea. Mulţi sfârşim prin a face multe lucruri şi comportându-ne într-un anumit mod astfel încât să ascundem faptul că s-ar putea să nu primim iubirea de care avem nevoie. Unele comportamente însă îi pot face pe oameni să înceteze să ne mai iubească din cauză că nu suntem sinceri şi, din aceeaşi cauză, vom primi ceea ce nu ne dorim. Nimeni nu te poate iubi dacă devii altcineva (porţi o mască) pentru a fi iubit.

Dinamica familiei poate genera sentimente de separare şi respingere. De exemplu, un părinte care este foarte ocupat şi indisponibil în majoritatea timpului poate, fără voia lui, să-i transmită copilului că este mai importantă viaţa lui personală decât să petreacă timpul cu el sau având grijă de el. Dacă respectivul copil nu e capabil să înţeleagă absenţa şi, deci, pierderea părintelui, el poate simţi durerea singurătăţii. În cazuri extreme, copilul poate începe să se protejeze, izolându-se. El poate începe să vorbească singur şi să inventeze poveşti în lipsa cuiva care să-l aline şi să-l liniştească, să-l încurajeze, să-l susţină şi să-l protejeze. Din perspectiva copilului, părintele a fost ocupat cu alte lucruri mai importante. Ca adult, acest tip de copil poate trăi o viaţă izolată ca o protecţie faţă de durerea neglijării, ceea ce poate să-i provoacă copilului şi mai multă durere.

Dacă nu are un părinte sau o altă persoană iubitoare prin preajmă, care să aibă grijă de el, copilul poate creşte fără o bază de iubire şi poate dezvolta astfel un *Protector* puternic care îl va limita în relaţii, va pune piedici înaintea oricărui angajament faţă de oricine. Partea dificilă pentru aceşti copii este că au dezvoltat un tipar de a căuta constant iubirea şi atenţia, dar nevoile lor sunt satisfăcute doar de posesii materiale, cum sunt jucăriile. Mai târziu în viaţă, acest aspect se poate transforma în nevoia imperioasă de a avea orice, poate o nouă maşină, haine noi, sex, droguri, în timp ce nevoia de iubire le domină fiecare parte a vieţii şi nu există scăpare.

Tiparele comportamentale de apărare ale *Protectorului*

Unii copii continuă să muncească mai mult pentru a le face pe plac părinţilor sau devin rebeli, depresivi, ca reacţie de evitare a amintirilor dureroase de abandon. Ei ar putea adopta un tipar de apărare asemănător cu cel al unuia dintre părinţii lor, în timp ce încearcă să facă aceleaşi lucruri ca şi ei. Cu alte cuvinte, copilul va avea acelaşi *Protector* ca şi părinţii săi. Mai ironic şi paradoxal, când acest copil creşte şi are o familie, s-ar putea să nu aibă îndeajuns timp pentru copiii lui, pur şi simplu pentru că nu poate oferi ceea ce nu a avut. Însă eşecul acestui copil ca părinte îl poate aşeza pe o cale de autovindecare, dacă este atent la cum funcţionează *Protectorul* şi la consecinţele tiparelor de apărare ale acestuia.

Un copil care îşi priveşte părinţii certându-se nu se teme de ceartă. Lui îi este frică să nu se destrame familia şi de faptul că nimeni nu va mai avea grijă de el. Se poate simţi nesigur şi poate dezvolta un *Protector* care evită conflictul cu orice preţ sau care poartă masca pacificatorului. De asemenea, el poate ajunge lider în campanii pentru pace sau mediator public. Intenţiile lui nu-i vizează neapărat pe oameni, ci scopul de a evita trăirea durerii provocate de separare.

În altă situaţie, dacă un copil este martorul unei scene în care un părinte ameninţă să părăsească familia, atunci copilul poate creşte cu frică de viaţă şi moarte, pentru că a rămas cu ideea că oamenii pot pleca de lângă el. Prin urmare, modelul lor de relaţionare este dureros. E posibil să folosească tehnici de sabotare pentru a se asigura că părăsesc relaţiile înainte ca persoana cealaltă să plece.

Majoritatea oamenilor folosesc multe metode de adaptare în legătură cu o gamă întreagă de situaţii înfricoşătoare. Unii încearcă să fie supuşi în faţa persoanelor mânioase, în timp ce alţii se simt copleşiţi în circumstanţe considerate de alţii ca puţin stresante. Frica de ridicol le poate provoca tremurături incontrolabile atunci când sunt chemaţi să vorbească în public sau teama de străini îi poate face să se ascundă în casă, incapabili să muncească sau să meargă la cumpărături. Mulţi oameni pot cădea pradă fricii, care, bineînţeles, poate fi depăşită temporar de *Protectorul* interior.

La început, dezvoltăm *Protectorul* pentru a ne proteja, dar, pe măsură ce creştem, el preia controlul şi începe să domine interacţiunile cu oamenii. De-a lungul anilor, ne construim identitatea, cu predispoziţia puternică dată de *Protectorul* nostru, influenţaţi de reacţiile la evenimente şi la mediul nostru cultural.

Capitolul 5

Povestea, scenariul şi jocul folosite pentru a ne ascunde adevăratul eu

Mai întâi, noi ne construim Protectorul, *apoi Protectorul ne construieşte pe noi.*

Interpretarea unui rol

De-a lungul anilor, noi construim o anumită formă de identitate puternic modelată de *Protector* şi influenţată de reacţiile noastre la majoritatea evenimentelor de care avem parte în viaţă şi la cultură. Ne-am transformat în actori care joacă pe scena vieţii. În cea mai mare parte a timpului, nu suntem conştienţi că ne aflăm pe o scenă şi că ascundem ceea ce suntem cu adevărat. După ani petrecuţi interpretând acel rol, devenim actorii, regizorii, scenariştii şi autorii propriei noastre vieţi. Începem să construim povestea a aceea ce credem că suntem, învăţăm pe de rost replicile şi uităm cine suntem cu adevărat.

Poveştile sunt, de fapt, decepţii autoinduse, pentru că scopul lor este să ne ţină conştiinţa de sine cât mai departe de acele sentimente mult mai relevante, dar mai dificil de acceptat. Cu toţii suntem organizaţi în jurul unei poveşti care, pe măsură ce se tot repetă în viaţa noastră, devine o piesă de teatru. După ani de spus şi jucat povestea evenimentelor şi experienţelor noastre nefericite din copilărie, devenim, în mod inconştient, actori profesionişti, într-un spectacol ce se desfăşoară zilnic. Iar personajul principal este *Protectorul.* Aceste repetiţii servesc doar la întărirea conexiunilor cerebrale mai vechi. Cu cât repetăm mai des aceste tipare, cu atât conexiunile devin mai puternice. Trebuie să ne punem totuşi întrebarea: când va veni timpul să încheiem povestea veche şi să începem povestea cea adevărată?

„Personajele noastre interioare caută în permanenţă o scenă pe care să-şi joace tragediile şi comediile. Deşi ne asumăm foarte rar responsabilitatea pentru creaţiile teatrului nostru secret, producătorul se află în mintea noastră."

JOYCE MCDOUGALL, *Theaters of the Mind, Illusion and Truth on the Psychoanalytic Stage*

Pentru a găsi iubire adevărată într-o lume plină de dezamăgiri şi inconsecvenţe, ne poziţionăm, disperaţi, în contextul unei poveşti încercând să ne definim. Acest lucru este, în special, valabil pentru oamenii din societăţile occidentale, unde există riscul de a pierde sentimentul apartenenţei la un grup sau la o cultură. Încercăm, cu fervoare, să ne poziţionăm într-o poveste pentru a da sens unui număr infinit de situaţii şi pentru a construi un mod de a exista în lume. *Protectorul* a devenit real în povestea noastră prin felul în care reacţionează la cei cu care avem relaţii şi răspunde la modul în care ceilalţi se poartă cu noi. El a jucat un rol construind un fals simţ al identităţii în minţile noastre, pe baza reacţiilor celorlalţi şi a răspunsului noastru faţă de ei.

Percepţiile celorlalţi ne sunt comunicate, de cele mai multe ori, prin felul în care ne tratează, ceea ce spun şi ceea ce gândesc despre noi. Ceilalţi ne pot schimba la rândul lor, pentru că noi ne putem conforma inconştient la aşteptările lor faţă de noi, chiar dacă rolul pe care-l interpretăm este unul negativ. Acesta este un alt nivel, mult mai profund al *Protectorului*, iar noi ajungem să credem lucrurile acestea despre noi înşine, de asemenea. Fiecare gând şi fiecare observaţie sunt apoi confirmate în jurul ideii pe care noi ne-am format-o despre noi înşine.

Imaginea pe care o acumulăm despre noi înşine se interiorizează şi începem să ne comportăm în conformitate cu această imagine creată, mai ales în relaţiile cu ceilalţi. Putem descoperi că avem diferite imagini despre noi în contexte diverse — *Protectorul* nostru joacă multe roluri — şi, de exemplu, la locul de muncă e posibil să ne comportăm diferit decât o facem faţă de partenerul nostru. Reacţiile noastre se pot modifica în prezenţa părinţilor noştri, indiferent de vârsta pe care o avem şi independent de cât de hotărâţi suntem să nu facem asta. Se întâmplă aşa pentru că suntem stimulaţi de intensitatea amintirilor ascunse, conturate în relaţia cu ei în trecut. Aceste personaje devin o problemă atunci când simţim că nu mai suntem noi înşine, iar acţiunile noastre au un efect negativ asupra relaţiilor pe care le avem, a muncii noastre sau a capacităţii de a ne atinge potenţialul.

Construirea unei poveşti

Trebuie să precizez din nou că acest aspect este foarte important în înţelegerea modului prin care *Protectorul* nostru ne poate limita chiar înainte să ni se întâmple orice. Aşadar, ceea ce experimentăm, de fapt, este povestea construită de noi în jurul unei situaţii dificile şi posibila frică provocată de aceasta. Naraţiunea noastră devine o lentilă psihologică ce ne distorsionează percepţia asupra realităţii. Un cerc vicios începe să se dezvolte pe măsură ce fricile noastre se leagă cu această poveste inventată. Este vital să înţelegem ideea că avem un scenariu sau o poveste care creează realităţi false.

Următorul exemplu arată cât de departe pot merge consecinţele trăirii într-o poveste şi modul în care ne putem pierde în istoriile pe care ni le spunem nouă înşine.

Am lucrat cu o pacientă care a avut traume severe în copilărie. A fost pedepsită mult şi, din păcate, a trăit experienţe similare şi în carieră, mariaj, chiar şi în alegerea prietenilor. Nu este o surpriză, aşadar, că, în timp, a creat povestea că lumea este un loc nesigur. Istoria ei îşi are originea în viaţa de familie şi în copilărie. Povestea arată că toată lumea voia s-o pedepsească, inclusiv organizaţiile şi serviciile sociale care o monitorizau. Era atât de clară în povestire, construind-o chiar din copilărie şi ajungând să creadă cu tărie în ea.

În mai multe şedinţe de terapie, s-a dovedit concentrată pe relaţiile ei şi pe bărbaţii care au minţit-o şi voiau s-o pedepsească. Şi-a suspectat chiar şi vecinii, iar despre familia ei credea că îi vrea banii. După ce fiul ei a crescut, a început să creadă că şi el voia s-o pedepsească. Nu se încredea în niciun profesionist pentru susţinere şi era blocată într-un ciclu de fugă perpetuă din faţa unei frici create chiar de ea. William James a prezentat această dinamică foarte bine spunând: „Noi nu fugim de urs pentru că ne este frică. În schimb, ne este frică pentru că fugim".

Bineînţeles că toţi reacţionăm mai mult sau mai puţin la fel. Este folositor să fim atenţi la gândurile noastre. Ce anume ne captează atenţia şi pentru ce anume luptăm, lucrurile negative sau cele pozitive. Concentrându-ne pe aceste lucruri, poate vom putea să identificăm unele elemente din povestea noastră. Există alte poveşti pe care le construim pe o scară mai mare şi care au legătură cu familiile, cultura, ţara şi lumea noastră. Să nu uităm că scrierea lor a început odată cu amintirile timpurii, acum ascunse. Acestea sunt cărămizile cu ajutorul cărora se construiesc convingerile noastre. Aş vrea să subliniez că mulţi dintre noi nici măcar nu suntem conştienţi de elementele emoţionale ale poveştii noastre. Poate o cunoaştem şi o înţelegem din punct de vedere intelectual şi credem că-i facem faţă, dar, emoţional, ne controlează pentru că ceea ce *ştim* nu ne dă voie să şi *simţim.* Cu alte cuvinte, există o ruptură între cele două componente. Deseori nu simţim ceea ce ştim.

„Un om este întotdeauna un povestitor; încearcă să-şi vadă viaţa ca şi cum el ar spune povestea. Însă trebuie să alegem: trăim sau povestim."

JEAN-PAUL SARTRE (1905-1980),
FILOSOF FRANCEZ, ROMANCIER ŞI DRAMATURG

Partea a II-a

Procesul de vindecare

Introducere
În căutarea libertăţii

Partea I a cărţii aruncă o lumină asupra *felului în care* să înţelegem limitările pe care noi înşine ni le impunem, prin încercările nereuşite de a ne proteja, precum şi alegerile din umbră care ne dictează deciziile şi selecţia partenerilor sau a profesiilor. Aceste limitări ne subminează orice acţiune şi decizie din viaţa noastră.

În Partea a II-a vom explora modalităţile prin care să ne trăim viaţa mai conştient, mai aproape de esenţa a ceea ce suntem fiecare dintre noi, într-o mai bună conexiune cu partea conştientă a minţii noastre, încercând să descoperim cum să căpătăm acea conştiinţă de sine şi cum să avem compasiune pentru ceilalţi şi pentru noi înşine.

A învăţa să trăieşti în acord cu ceea ce eşti cu-adevărat înseamnă drumul cel mai lung de parcurs, chiar dacă distanţa în sine este cea mai scurtă şi are legătură cu a trăi în prezent/acum: a trăi în conformitate cu acţiunile conştiente imediate, şi nu cu reacţiile venite din inconştient.

Cuvintele *felul în care,* folosite anterior, v-ar putea face să credeţi că există o metodă de a dobândi fericirea şi libertatea, dar trebuie să subliniez că nu există nicio metodă, formulă, tehnică şi niciun plan pentru a aborda viaţa. Formulele şi metodele se adaugă doar complexităţii ei şi desfiinţează misterul de *a fi* pur şi simplu. Nu există o hartă a libertăţii şi nu există un set de reguli pentru viaţă. Toate aşa-zisele metode se bazează pe probleme care se presupune că trebuie rezolvate până la sfârşitul vieţii. Doar că sfârşitul nu există. Cine suntem noi, în sufletul nostru, nu are început sau sfârşit.

Fiinţa noastră există pur şi simplu. Ea este prezenţa totală din fiecare moment. Ea reprezintă conştiinţa de sine de acum, care aduce imediat vindecarea pentru că nu are nici un trecut de rezolvat, nici un viitor de anticipat, nici măcar un prezent de înţeles — nici început, nici sfârşit.

Poate că nu este posibil să găseşti pacea şi libertatea cu ajutorul vreunei organizaţii, tehnici, metode, învăţături sau sistem de cunoaştere pentru că practicarea unui anumit tip de învăţătură sau a oricărui sistem poate duce la o atitudine de conformare la norme, la împotrivire, respingere, negare şi apoi poate chiar adaptare. Energia noastră se consumă astfel mai degrabă prin căutarea unei căi de ieşire decât prin asumarea responsabilităţii pentru găsirea libertăţii proprii. Majoritatea figurilor celebre din istorie care i-au influenţat profund pe ceilalţi nu au avut un anume plan de bătaie pentru ceea ce aveau de făcut. Sigmund Freud nu a avut psihoterapeut. Mahatma Gandhi nu a avut *o metodă* anume pentru eliberarea Indiei. Mai mult, atunci când a fost rugat să transmită un mesaj lumii în legătură cu ce ar trebui să facă, cum ar trebui să trăiască, el a spus: „Viaţa mea este mesajul meu". În acelaşi fel, folosiţi mesajul acestei cărţi trăind conştient.

Chiar dacă vă voi împărtăşi câteva strategii de aplicat în viaţă, insist pe accentuarea înţelegerii voastre profunde care să vă susţină călătoria spre adevărul din fiinţa voastră, trăind în prezent şi acceptând lucrurile aşa cum se întâmplă ele. Intuiţiile se vor consolida graţie relaţiilor pe care le veţi avea, mai degrabă prin observarea propriilor reacţii şi menţinerea unei atenţii conştiente decât prin teorii intelectuale, idei sau metode.

„Pentru a te cunoaşte trebuie să te studiezi
în interacţiunea cu o altă persoană."

BRUCE LEE (1940–1973),

ACTOR ŞI MAESTRU DE ARTE MARŢIALE CHINEZ

Simpla înţelegere nu este de-ajuns

Lumea de astăzi este tot mai orientată spre o viaţă condusă de intelect mai degrabă decât de emoţii sau de sentimente, iar asta face să fim în pericolul de a ajunge în extrema cealaltă şi de a ne pierde sufletul. Intelectul ne spune cum *ar trebui* să fim, cum *ar trebui* să simţim şi chiar cum *ar trebui* să iubim. Dacă terapia s-a dovedit o cale eficientă şi de mare ajutor pentru mulţi oameni, iată că am ajuns să plătim bani ca să ne putem exprima sentimentele, în speranţa că asta ar putea compensa, cumva, lipsa părintelui care nu ne-a oferit iubire şi atenţie. Am încercat chiar să înţelegem, raţional, cum să devenim religioşi, cum să iubim şi cum să devenim fiinţe spirituale. Pentru a obţine asta, intelectul ne sugerează că trebuie să mergem într-un loc spiritual şi să trăim printre oameni spirituali. Dacă vrem să devenim iubitori, trebuie să facem cursuri, să citim cărţi sau să ascultăm învăţători specializaţi. Recunoaştem nevoia de mai multă compasiune, iar raţiunea ne poate sugera că este posibil să învăţăm acest lucru dintr-o carte scrisă pe această temă, în timp ce iubirea de sine nu este un demers ştiinţific.

Încercăm să învăţăm să trăim cu ajutorul informaţiilor, cursurilor, religiei şi terapiei. Aceste lucruri, deşi cu siguranţă sunt foarte folositoare, sunt şi încercări de a găsi o anumită constanţă într-o lume schimbătoare şi spontană. Căutăm stabilitatea pentru că este familiară şi oferă sentimentul de siguranţă. De fiecare dată când avem parte de un eveniment perturbator, ne simţim ameninţaţi. De fapt, viaţa are un ritm constant de schimbare şi fluctuaţie, dar noi repetăm aceleaşi lucruri făcute în trecut, pentru că ne sunt familiare şi cunoscute, chiar dacă ele nu mai sunt cu adevărat caracteristice *timpului nostru prezent.*

Am devenit sclavii concluziilor noastre.

Viaţa este o realitate care trebuie trăită, şi nu un proiect sau o problemă de rezolvat în mod raţional. Intelectul nostru are nevoie de concluzii şi idei, dar noi am devenit sclavii acestora. Raţiunea are nevoie să analizeze, să înţeleagă cum funcţionează lucrurile, dar pe parcurs riscăm să nu mai vedem dincolo de sisteme, metode şi formule. A fi conştient înseamnă a întreprinde o călătorie care să ne ajute să ne apreciem viaţa la timpul prezent, aşa cum este ea în momentul de faţă, şi care să ne permită totodată să ne descoperim esenţa a ceea ce suntem cu adevărat. Chiar astfel de cuvinte („esenţa a ceea ce suntem cu adevărat") ne pot induce în eroare, pentru că esenţa noastră face parte din noi şi nu o putem căuta în afară, când ea este aici şi acum. Este în prezenţa imediată a conştiinţei. Cu toate astea, haideţi să pornim în această călătorie unică, fără destinaţie, ca să ajungem să ne apreciem viaţa acum şi să trăim conştient, din adâncul fiinţei noastre.

Capitolul 1
Gândim şi simţim

Toate sentimentele noastre se află în spatele măştilor pe care le purtăm, aşa că e mai bine să simţim ceea ce gândim decât să gândim ceea ce simţim.

Capacitatea de a simţi

Protectorul nostru, despre care am vorbit în prima parte a cărţii, este compus din straturi de tipare defensive şi modalităţi de adaptare care ne ţin sentimentele la distanţă şi nu ne lasă să fim deschişi în legătură cu ceea ce simţim pentru ceilalţi. Simpla înţelegere a acestui fapt nu este suficientă pentru a opri apariţia acestor conexiuni întrerupte, pentru că vorbim despre legături biologice, neuronale din creier care nu se pot modifica, ceea ce face ca schimbarea să fie dificilă.

Sentimentele sunt subiectul central din a doua parte a acestei cărţi şi reprezintă totodată punctul de start pentru a ne descoperi esenţa proprie. Acest lucru se întâmplă, pentru că sentimentele sunt prima noastră legătură pe care o avem cu viaţa chiar înainte de a gândi. Dacă îi observaţi pe copii, veţi vedea că ei reacţionează la ceea ce li se întâmplă în viaţă mai întâi prin emoţii şi sentimente, şi abia mai târziu învaţă să vorbească şi să raţioneze. În lumea adulţilor, lucrurile stau exact pe dos. Ei îşi exprimă mai întâi opiniile raţionale şi apoi îşi arată emoţiile. Însă mijlocul de comunicare iniţial se bazează pe sentimente. Unele dintre ele pot fi înţelese greşit dacă le *gândim*, dar nu şi dacă le *simţim*. Aceste emoţii şi sentimente sunt fundamentul a ceea ce înseamnă să fii om.

Imaginile cu tot ceea ce ni s-a întâmplat în viaţă sunt stocate în minte şi aceste tipare mentale ne provoacă să facem presupuneri în legătură cu cine credem noi că suntem. Însă există multe senzaţii fizice şi sentimente care au apărut simultan — de-a lungul vieţii — şi care contribuie şi ele la ceea ce credem că suntem. Provocarea pentru noi este să trăim aceste sentimente, să vedem cum au supravieţuit călătoriei din *in*conştient spre conştient şi să lămurim cum anume ne-au influenţat. Parte a acestui proces de înţelegere este să descoperim şi ceea ce nu am simţit şi să ne înţelegem şi să ne descifrăm sentimentele — ce a devenit invizibil de-a lungul timpului şi ce a supravieţuit şi a intrat în conştiinţa de sine.

În copilărie, nu aveam capacitatea mentală sau puterea de a înţelege cum să facem faţă emoţiilor puternice, precum frica şi teama de abandon. Nu aveam perspectiva adultului asupra modului în care funcţionează lumea. Acum însă ne putem recunoaşte sentimentele, putem înţelege de ce şi cum au luat ele naştere.

Vindecarea nu presupune doar dezvoltarea cunoştinţelor, ci şi a capacităţii noastre de a simţi. Sentimentele reprezintă abilitatea noastră instinctivă de a răspunde la stimulii din mediului înconjurător. *Protectorul* este reacţia noastră automată de refulare a sentimentelor nerezolvate de durere şi frică. Rezistenţa pe care o opune însă se dovedeşte a fi mai dureroasă decât senzaţia iniţială şi această evitare a durerii se poate transforma în suferinţă.

„Evitarea situaţiilor neplăcute este rădăcina suferinţei.“

RAM DASS

Dinamica durerii care stă la baza fricii este foarte importantă. Frica este un semnal de alarmă la durere care ne avertizează că suntem în pericol şi că, din această cauză, orice sentimente legate de durere trebuie evitate. Mulţi oameni încearcă să nu simtă durerea şi întreprind tot felul de acţiuni exagerate în acest scop. De exemplu, pentru a evita singurătatea sau respingerea, se înconjoară de foarte mulţi oameni sau îşi ocupă tot timpul şi lucrează foarte mult. Din nefericire, ei se concentrează doar asupra simptomelor de durere şi astfel de încercări nu fac decât să-i consolideze puterea prin încercarea de a evita sentimentul iniţial de separare şi suferinţă. Chiar şi dorinţa de vindecare este o dorinţă de a evita durerea.

Această carte este o incursiune în înţelegerea dinamicii *Protectorului,* care acţionează prin încercările de evitare a sentimentelor legate de durere şi de teamă. Pe de altă parte, înţelegerea raţională poate servi doar ca o altă tehnică de evitare. Din acest motiv, învăţarea experienţială de grup poate fi cadrul perfect pentru transferarea informaţiei din domeniul raţional în cel emoţional — o zonă evitată de cei mai mulţi dintre noi. Când urmăm orice formă de terapie, când citim cărţi de self-help şi ascultăm prelegeri pe tema dezvoltării personale (chiar şi parcurgerea acestei cărţi, acum), avem tendinţa de a ne folosi judecata dezvoltată — adică, nivelul actual de dezvoltare a creierului nostru — pentru a vindeca sentimente puternice, profunde şi vechi.

Nu sunt împotriva niciunei abordări terapeutice, dar multe dintre ele, mai ales cele cognitive, au ca scop găsirea unor strategii de adaptare la situaţii dureroase. Abordările cognitive sunt foarte puternice şi pot avea un efect real asupra modului în care ne gestionăm reacţiile. De asemenea, strategiile pot fi folositoare când vrem să depăşim anumite bariere. Însă ele ţin tot de domeniul raţionalului, care este supus concluziilor şi presupunerilor pe care le-am adunat de-a lungul anilor, prin experienţele pe care le-am avut. Ceea ce suntem noi cu adevărat (esenţa noastră) este mai mult de atât. Ea este aici şi acum, în fracţiunea de secundă de dinaintea celei în care *Protectorul* ne deturnează şi preia controlul asupra comportamentului nostru.

Judecata sofisticată a minţilor noastre este fascinată de cuvinte şi explicaţii, idei şi concepte, dar nu are capacitatea de a gestiona sentimentele, experienţele şi amintirile vechi, neprocesate şi neînţelese care s-au întipărit în mintea inconştientă. Mai mult de-atât, aceasta este cea mai mare provocare pe care o avem în efortul de dezvoltare personală, pentru că aceste abordări ne pot oferi o soluţie pe termen scurt, dar nu şi rezolvări aplicabile pe termen lung.

Nu există instrucţiuni pentru a fi tu însuţi

Această carte nu vorbeşte despre ce anume trebuie să faci mai departe pentru a fi liber, tocmai pentru că nu există instrucţiuni pentru obţinerea libertăţii. Există mai multe variante prin care trecem peste fluctuaţiile vieţii, iar invocarea *Protectorului* nostru este doar una dintre ele. Alte căi includ religia, terapia, lectura şi, de asemenea, iubirea profundă şi compasiunea.

Unii oameni nu fac absolut nimic din toate astea. Căile enumerate mai sus sunt tot atâtea mijloace prin care creierul poate obţine libertatea, dar, în esenţa ei, fiinţa noastră nu are un set de reguli de urmat. Dacă am găsi un sistem sau o formulă, acestea v-ar transforma, până la urmă, într-o capcană. Descoperirea adevăratului eu înseamnă să ne amintim cine suntem în nucleul profund al conştiinţei noastre.

Doar relaţiile noastre sunt cele care ne modelează reacţiile sub forma *Protectorului*. Prin urmare, *Protectorul* este învăţătorul care ne poate conduce spre libertate şi adevăratul nostru eu. Călătoria aceasta spre esenţa a ceea ce suntem cu adevărat nu are o distanţă precisă. Ea se desfăşoară prin relaţiile pe care le avem, oglinda fiecăruia dintre noi. Cu ajutorul relaţiilor înţelegem cine suntem şi învăţăm să iubim. Tot cu ajutorul lor, învăţăm cum să nu fim iubiţi.

Unii oameni au reuşit să se vindece găsind relaţii de sprijin. Alţii nu reuşesc să găsească asemenea relaţii. Sunt şi oameni care au descoperit calea de vindecare a durerii punându-se în serviciul celorlalţi şi având un impact puternic asupra lumii din jurul lor. Unii decid să devină terapeuţi, vindecători, doctori sau lideri religioşi. Aş zice că totul este perfect atâta timp cât suntem conştienţi de ceea ce facem pentru a ne vindeca. Altfel, metoda de vindecare aleasă poate deveni doar o altă mască ce ne protejează pentru a ne simţi în siguranţă.

Mulţi oameni încearcă să urmeze tot felul de seturi de instrucţiuni, fie că ţin de religie, politică, tehnici terapeutice, de asociaţii, grupuri, secte, ritualuri sau aderarea la o cauză anume. Cu toate astea, de fapt, ei continuă să caute, pentru că o fac doar în afara lor şi, în felul acesta, devin sclavii concepţiilor şi convingerilor lor. Nu există manuale despre cum să ne trăim viaţa şi să ne creştem copiii. Nimeni în afară de tine nu îţi poate schimba viaţa. Nimeni nu poate intra în creierul tău ca să-ţi arate ce să faci. Tot ceea ce pot face ceilalţi este să-ţi arate cum procedează ei pentru a reuşi, ceea ce funcţionează pentru ei.

Trebuie să fim precauţi faţă de cei care vor să ne înveţe anumite metode de a trăi. În acelaşi timp, trebuie să avem grijă să nu încercăm, la rândul nostru, să le predăm altora metodele noastre. Eu spun că, de fapt, cei care doresc să-i ajute pe alţii se folosesc de aceştia pentru a-şi vindeca o durere ascunsă proprie. Unii părinţi procedează la fel cu copiii lor.

„Trebuie să căutăm compania celor care caută adevărul şi să-i evităm pe cei care l-au găsit deja."

DEEPAK CHOPRA, ÎNVĂŢĂTOR SPIRITUAL ŞI AUTOR

Calea spre vindecare este *să fim* noi înşine. Oamenilor nu le pasă cât de multe îi putem învăţa, în schimb, ei *simt* cât de multă iubire avem de dăruit.

Aceasta este o călătorie individuală şi va avea un impact asupra vieţii voastre şi a altora din jurul vostru, fără nevoia de a învăţa pe cineva ceva. Dacă suficient de mulţi oameni din lume ar fi deplin conştienţi, lumea s-ar schimba de la sine. Trebuie să citiţi informaţiile din această carte şi să permiteţi inimilor voastre să le absoarbă pentru a vă fi de folos în munca cu voi înşivă. Totul se rezumă la o introspecţie profundă pentru a scoate la iveală o înţelegere a aprecierii schimbării de sine. Este vorba despre trezirea lumii interioare şi exterioare. Majoritatea provocărilor apar pentru că nu ne asumăm responsabilitatea interacţiunii universului nostru interior cu lumea exterioară şi a modului în care acest lucru ne influenţează viaţa. Se ridică întrebarea extrem de interesantă dacă ne trăim viaţa din interior, reacţionând la lumea exterioară sau încercând să găsim un echilibru între cele două. Sau dacă suntem pur şi simplu conştienţi şi permitem, încrezători, lucrurilor să se întâmple de la sine.

„Totul se limpezeşte când priveşti în inima ta. Cine priveşte în afară visează. Cine priveşte înăuntru se trezeşte."

CARL GUSTAV JUNG (1875-1961)

PSIHIATRU ELVEŢIAN ŞI GÂNDITOR INFLUENT

Cine eşti?

Cum ştii cine eşti? Dacă, bunăoară, creierul tău procesează toată activitatea mecanică ce depinde de circumstanţele externe, atunci cine ia toate deciziile? Cine este în spatele tuturor acestor procese? Cine eşti tu, mai exact?

Creierul este ca un calculator cu memorie de scurtă şi lungă durată. Dar cine manevrează/operează acest calculator? Cine ia deciziile? Dacă-ţi iei un moment să te gândeşti la acest lucru, s-ar putea să vezi răspunsul la toate, acum, fără efort.

Ştim cum sunt procesate şi puse în aplicare deciziile, dar unde este persoana care face toate astea? Avem maşinării sofisticate care ne pot arăta toate activităţile şi procesele cerebrale, dar nu ne pot arăta în acelaşi timp şi cine este cel care iniţiază aceste procese. Vin şi întreb: cine citeşte această carte? Exact. Tu citeşti aceste informaţii şi ele ajută creierul, care permite adevăratului eu să se manifeste.

Trăim în deplină conştiinţă de sine, în ciuda faptului că nu putem identifica o anumită zonă din creier capabilă şi responsabilă de direcţionarea intenţiilor sau de luarea deciziilor. Mecanismele de apărare şi amintirile ne influenţează puternic atunci când luăm decizii. Hotărârile noastre conştiente sunt tot timpul puternic umbrite de cele inconştiente, iar asta din cauza felului în care amintirile noastre au modelat construcţia a ceea ce credem noi că suntem, de fapt.

Dar probabil că suntem mai mult de-atât. Există o dimensiune reală în spatele tuturor acestor lucruri şi aceea este conştiinţa momentului actual. Nu are trecut sau viitor, nici măcar prezent. Nu există un început sau un sfârşit al adevăratului nostru eu. Esenţa a ceea ce suntem cu adevărat reprezintă partea din noi care este reală şi nemodificată de circumstanţe exterioare. Ea foloseşte creierul pentru a comunica şi a funcţiona în această lume, dar nu depinde de memorie. Este independentă şi de imputări sau laude, de iubire sau ură. Este chiar posibil să nu fie situată în creier, din moment ce acesta este doar o unealtă prin care adevăratul nostru eu se manifestă, o unealtă pe care o folosim pentru a funcţiona eficient în această lume. Creierul este proiectat să protejeze, să judece, să evalueze, să adapteze şi să manevreze pentru ca noi să putem supravieţui. El este ca o maşinărie care anticipează, echilibrând lumea pentru noi. Asta înseamnă că, dacă nu trăim în conformitate cu ceea ce suntem noi cu adevărat, suntem în pericol de a deveni un simplu mecanism reactiv.

Cultura, familia şi educaţia ne modelează creierul şi putem spune că partea noastră mecanică este cea care va fi afectată de circumstanţe exterioare şi influenţată de vină şi de cuvintele de laudă. Ea funcţionează cu şi prin amintirile şi convingerile noastre, dar nu reprezintă ceea ce suntem cu adevărat, ci doar o dimensiune a noastră. Cealaltă dimensiune este adevăratul nostru eu.

Ambele faţete interacţionează în tot ceea ce facem: esenţa noastră are nevoie de creier pentru a se exprima. Trăim prin adevăratul eu şi comunicăm cu ajutorul creierului. Prin urmare, un creier limpede ne ajută să trăim în conformitate cu ceea ce suntem, de fapt. Din acest motiv trebuie să ne examinăm şi să ne explorăm personalitatea şi să ne cunoaştem *Protectorul*, care este în stare să ne distorsioneze claritatea viziunii. Avem nevoie să fim conştienţi de *Protector* atunci când ne apără şi să fim martori la felul în care funcţionează el ca mecanism cerebral, mai ales pentru că este o dinamică de tip cauză-efect. Scopul lui este să ne protejeze de durere şi de traume emoţionale. Însă esenţa a ceea ce suntem cu adevărat vine din alt nivel de conştiinţă, unde totul este perfect aşa cum este. Creierul nostru s-ar putea să nu înţeleagă acest lucru pentru că nu este structurat astfel — el este construit să ne protejeze şi noi trebuie să acceptăm şi acest lucru, de asemenea. Nu este un lucru rău, dar, dacă îl lăsăm să ne controleze, e posibil să nu susţină ceea ce suntem noi cu-adevărat.

Călătoria către esenţa fiinţei noastre este foarte lungă, chiar dacă distanţa în sine este una scurtă, pentru că traversăm planuri de conştiinţă din creierul mecanic (ceea ce credem că suntem) către o altă dimensiune a fiinţei noastre (cine suntem cu adevărat). Dacă putem să pătrundem sensul acestor cuvinte, întreaga noastră lume va fi transformată. Noi suntem toată lumea. Tu eşti lumea. Atunci când urâm pe cineva, ne urâm pe noi înşine şi simţim asta.

Întrebarea este cum poate creierul, care şi-a creat tot felul de mecanisme inconştiente de a face faţă şi de a se apăra în tot felul de situaţii, să-şi modifice propria condiţionare? Oare gândurile noastre se pot ridica deasupra lor pentru a soluţiona strategiile pe care chiar ele şi le-au creat? Altfel spus, poate creierul să modifice creierul? Cum poate fi făcut acest lucru?

Este important să ne amintim că problemele nu pot fi rezolvate, pentru că ele sunt, de fapt, umbre ale sentimentelor din tiparul mental din care au fost create de la bun început. Aşadar, răspunsul trebuie să se găsească în afara convingerilor şi a percepţiilor noastre.

Drumul către esenţa fiinţei noastre — o călătorie fără destinaţie

În prima parte a cărţii am văzut cum convingerile pe care le avem sunt cea mai mare provocare pe care trebuie s-o depăşim în această viaţă. De când am adoptat convingerile familiei şi culturii noastre (mai ales când eram mici) am creat şi tot ceea ce avem acum în viaţa noastră. Personalitatea ne-a fost dezvoltată prin ceilalţi cu ajutorul educaţiei, credinţei şi experienţelor trecute. Ceilalţi ne-au instruit cum să trăim, cum să reacţionăm şi să interacţionăm şi, prin acestea, ne-am dezvoltat *Protectorul.* Această parte a noastră, care ne alcătuieşte identitatea personală, continuă să fie ajutată şi limitată de cererile *celorlalţi.* De asemenea, am discutat despre cum şi unde anume în creier se manifestă activităţile *Protectorului,* iar următorul pas este să intrăm mai mult în contact cu esenţa fiinţei noastre.

Esenţa a ceea ce suntem cu adevărat este neutră în momentul în care ne permite să fim martorii binelui şi răului, să vedem ce este corect şi incorect în tot ceea ce am trăit în trecutul nostru, în toată amploarea sa complexă, fără să judecăm.

Până acum, am stabilit preţul pe care îl plătim pentru a trăi în umbra *Protectorului* nostru. Scopul călătoriei pe care o facem nu este acela de a elimina această personalitate protectoare — pentru că, dacă încercăm să facem asta, vom dezvolta o alta, similară —, ci doar să o vedem aşa cum este ea de fapt. Aşadar, *Protectorul* nostru ne conduce, în realitate, spre adâncul fiinţei noastre, învăţându-ne s-o vedem aşa cum este. O putem vedea doar dacă avem compasiune pentru noi înşine.

Călătoria

Călătoria şi scopul nostru este să ne înălţăm conştiinţa îndeajuns pentru a avea compasiune în inimile noastre pentru *Protector*. Paradoxul aici este *conştiinţa de sine*, pentru că, dacă *Protectorul* se cunoaşte pe sine, atunci el nu va mai fi necesar. Iar aşa ceva se poate întâmpla doar dacă ne înălţăm conştiinţa de sine pentru a face pace cu toate conflictele din interiorul nostru şi pentru a fi în stare să-i vedem pe ceilalţi aşa cum sunt cu adevărat, nu ca pe nişte persoane care ne-ar putea face rău.

Căutarea esenţei fiinţei noastre nici măcar nu este o călătorie, de fapt, deoarece chiar şi prin actul în sine de căutare vom încerca să scăpăm de durere şi să fim iluminaţi, ceea ce reprezintă doar un alt aspect al *Protectorului*. Ceea ce trebuie să facem este să ne deschidem inimile pentru a putea fi împăcaţi, pentru a accepta lucrurile aşa cum sunt, în privinţa celorlalţi, a trecutului şi a noastră înşine, şi pentru a fi capabili să îmbrăţişăm toate aceste lucruri. Acest lucru presupune mult efort, multă luptă cu noi înşine, întrucât toate cele enumerate mai sus sunt obstacolele care ne blochează esenţa.

Cum începe călătoria

Este fascinant să observăm cum încercările unui copil de „a face lucrurile mai bine" devin, de fapt, simptomele *Protectorului*. Încercările noastre eşuate din copilărie de a ne proteja de pericol sunt reacţii care se manifestă şi în viaţa adultă. Mai mult, aceste reacţii similare celor din copilărie, prin care vrem să ne protejăm de suferinţă, pot duce la dependenţe, nevroze, tulburări narcisiste sau egocentrice, comportamente distructive şi aşa mai departe. De fapt, evitarea durerii şi a suferinţei duce doar la mai multă durere şi suferinţă. Trebuie să ne cultivăm conştiinţa faptului că putem face faţă durerii. Dacă procedăm aşa, în cele din urmă vom deveni conştienţi şi de faptul că ceea ce suntem cu adevărat nu are nicio legătură cu durerea sau suferinţa.

Călătoria continuă

Protectorul se dezvoltă prin atragerea experienţelor care reîntăresc în cele din urmă amintirile lăsate de experienţele originale. De-a lungul timpului, această personalitate creşte şi îşi depăşeşte rolul iniţial de protecţie. Ea capătă o viaţă proprie şi devine o reţea puternică de atitudini inconştiente şi de tipare comportamentale, dominând în felul acesta aproape toate aspectele vieţii noastre. Consecinţa acestei creşteri este dezvoltarea unor comportamente care sunt contrare a ceea ce suntem noi cu adevărat şi realelor noastre intenţii. Din această cauză, rămânem cu contradicţia stresantă de a încerca să ne atingem adevăratele scopuri, fără să reuşim vreodată s-o facem.

Călătoria se încheie cu iubire

Comportamentul protector este o voce care ne vorbeşte şi ne spune: „Vreau să te protejez de abandon". De partea cealaltă, vocea iubirii spune: „Eu sunt în siguranţă chiar dacă mi se frânge inima". *Protectorul* încearcă să ne ofere siguranţă protejându-ne de pericol. Face acest lucru pentru că vrea cu disperare să simţim iubire. Atunci când *suntem* iubire însă nu mai este nevoie să ne protejăm de pericol. Avem deja iubirea necesară şi nu mai trebuie s-o căutăm. Pe măsură ce citiţi aceste rânduri, amintiţi-vă de un moment în care v-aţi îndrăgostit. Nu exista niciun fel de frică sau durere. Toate astea apar mai târziu, când începi să te întrebi dacă persoana de lângă tine te iubeşte sau nu şi dacă îţi va rămâne alături sau nu. Aceasta este invitaţia trimisă *Protectorului* pentru a începe să lucreze, încercând să păstreze iubirea. Din nefericire, el o îndepărtează, întrucât persoana care te iubeşte o face pentru cine eşti tu cu adevărat, şi nu pentru cine încerci să fii pentru a fi iubit/ă.

Capitolul 2
Conştientizarea limitelor şi compasiunea faţă de noi înşine înseamnă transformare

Cel care te judecă cel mai mult, te iubeşte cel mai mult şi are cea mai multă înţelegere pentru tine eşti TU însuţi.

Conştiinţa de sine este cea mai bună cale de vindecare

Experienţele trăite în trecut nu se mai pot schimba. Singura şansă pe care o avem pentru a le depăşi este să învăţăm să lucrăm cu trecutul nostru, dar pentru a ne redobândi puterile, trebuie să percepem lucrurile aşa cum sunt ele, de fapt.

A fi în stare să înţelegem ceea ce ni s-a întâmplat şi să înfruntăm realitatea unor evenimente altminteri greu de suportat va duce la şi mai multă durere, dar este singura cale spre libertate. Îmi amintesc de cuvintele poetului William Blake, care spunea: „Fiinţele umane nu pot suporta prea multă realitate".

În aceste cuvinte se află esenţa vindecării noastre, semnificaţia lor fiind aceea că trebuie să acceptăm realitatea nu din frică sau supunere, ci din iubire şi compasiune. Este vorba despre acceptarea unei stări de fapt. Nu putem vedea lucrurile aşa cum sunt decât dacă înţelegem că tot ceea ce am perceput în trecut am văzut printr-o perspectivă care nu era reală. Nu vom putea fi niciodată liberi câtă vreme nu vedem ce amintiri am păstrat în memorie, amintiri de care nu eram conştienţi; nu vom putea fi niciodată cu adevărat liberi câtă vreme nu înţelegem de ce anume vrem să ne eliberăm — adică, amintirile noastre inconştiente. Dacă nu conştientizezi că te afli în închisoare, nici nu vei scăpa niciodată.

Acesta este punctul de plecare. Pentru a fi conştienţi de strategia de supravieţuire a creierului înseamnă că trebuie să fim conştienţi de existenţa *Protectorului* nostru.

Nu vă fie frică de trecutul vostru, deoarece cheia vindecării este conştientizarea faptului că trecutul este trecut. Toate acţiunile de atunci au fost determinate de evitarea unui pericol care acum nu mai există.

Una dintre cele mai mari provocări şi tragedii din această viaţă este faptul că anumiţi copii, care au fost traumatizaţi, nici măcar nu ştiu că au trăit o astfel de experienţă. Iar asta se întâmplă pentru că s-au obişnuit cu această situaţie şi consideră că aşa este normal să stea lucrurile. Pe de o parte, ei au reuşit să dezvolte un fel de capacitate de adaptare, iar pe de altă parte, creierul încă mai păstrează amintirea durerii şi reacţia din teamă în faţa acelor experienţe dureroase. Când aceşti copii cresc, pot foarte bine să spună că trecutul e trecut şi pot da dovadă de tărie. Cu toate astea, e posibil să nu poată oferi iubire într-o relaţie, pentru că nu au experienţa primirii ei. Nu putem oferi nimic din ceea ce nu avem.

Aceşti oameni simt atât de multă suferinţă, încât pot dezvolta un *Protector* şi mai puternic pentru a se adapta şi a-şi putea trăi viaţa negând durerea de a nu fi iubiţi. Ba chiar îşi pot ascunde această suferinţă dorindu-şi să-i ajute pe alţii. Durerea lor nu a fost simţită în mod conştient atunci când au fost copii, dar au dezvoltat o modalitate de a-i face faţă prin diverse căi. Dacă mai târziu ei trăiesc experienţa respingerii într-o relaţie sau sentimentul pierderii cuiva, este posibil să fie stimulaţi spre accesarea durerii din inconştient. În felul acesta, pot ajunge chiar să trăiască o cădere emoţională. În momentul de durere extremă însă, *Protectorul* începe să se destrame şi îşi pot da seama că totul este fals, de fapt. Chiar dacă au crezut că acest personaj era cel care îi definea, în momentul de conştientizare încep să se elibereze pe măsură ce-şi dau seama că nu acesta era adevărul. Descoperă pur şi simplu că *Protectorul* era fals şi ceea ce rămâne este estenţa a ceea ce sunt ei cu adevărat.

Vindecarea de acest fel presupune o muncă extraordinară cu sine pentru a conştientiza ceea ce s-a întâmplat şi cum ne-a afectat situaţia respectivă. Important este că, pentru a accepta trecutul, trebuie mai întâi să-l înţelegem, să simţim durerea şi să recunoaştem gravitatea rănilor pe care le-am dobândit. Altfel, ne vom găsi blocaţi într-o lume iluzorie în care ne spunem: „Nimeni nu mi-a făcut rău. Nimeni nu mă poate răni, eu sunt bine". Sau exact opusul, adică să jucăm un rol folosind trecutul nostru ca pedeapsă şi motivare a eşecului.

Exerciţiu pentru cititor

Să începem cu un exerciţiu de conştientizare care vă va ajuta să descoperiţi câteva aspecte ale Protectorului *vostru. Găsiţi pe cineva care să vă adreseze întrebările de mai jos. Este important să nu faceţi exerciţiul singuri. Cu cât sunt mai multe persoane, cu atât mai bine, deoarece interacţiunile sunt vitale în relaţii. Începeţi cu orice comportament care vă limitează, de exemplu, faptul că întârziaţi mereu la întâlniri, că vă simţiţi trist/ă şi emoţionat/ă sau că vorbiţi prea mult. Apoi retrageţi-vă, faceţi un pas în spate şi răspundeţi la întrebări spontan, fără să căutaţi sau să alegeţi un răspuns — lăsaţi răspunsurile să curgă şi observaţi ce iese la suprafaţă. Când terminaţi toate întrebările, luaţi-o de la capăt cu un alt comportament limitativ. La final, cereţi persoanei sau persoanelor cu care aţi făcut exerciţiul să discute despre ceea ce aţi spus. Ascultaţi cu atenţie ceea ce zic ei. Nu răspundeţi la acest feedback. Păstraţi liniştea pentru câteva momente, fără să faceţi vreun efort.*

1. *Daţi un exemplu de comportament care vă limitează. Descrieţi-l printr-un exemplu.*

2. *Descrieţi imaginea negativă pe care o aveţi în legătură cu voi înşivă atunci când vă comportaţi astfel.*

3. *Descrieţi orice senzaţie avută atunci când vorbiţi despre această imagine negativă.*

4. *De ce anume pare să vă apere acest tip de comportament?*

5. *De ce vă este frică?*

6. *Amintiţi-vă imagini şi experienţe din trecut care vă leagă de această frică.*

7. *Mai este această frică valabilă şi acum?*

Reflectaţi asupra acestui exerciţiu şi permiteţi informaţiilor să vă penetreze conştiinţa de sine fără a face efortul de a schimba ceva. A fi conştient înseamnă a trăi în prezent şi este un tratament în sine.

Provocarea pentru noi vine din faptul că, atunci când devenim conştienţi, avem tendinţa de a ne împotrivi, iar asta vine, la rândul ei, din încercarea de a ne înţelege şi de a ne analiza limitele. Dacă nu ne place ceea ce vedem, ne judecăm, analizăm şi încercăm să ne schimbăm. Imediat ce am făcut asta, pierdem starea de conştiinţă de sine dobândită şi facem un efort şi mai mare de a ne schimba. Momentul în care devenim conştienţi de noi nu necesită niciun fel de efort. Orice acţiune de acest gen ar implica o luptă pentru a schimba *ceea ce este* în *ceea ce nu este.* Condiţionarea noastră ne va face automat să considerăm că acest lucru este greşit sau că ar trebui să ne schimbăm şi să fim buni. Suntem atât de obişnuiţi să spunem „ar trebui“, încât ne judecăm şi ne criticăm singuri.

Una dintre căile prin care învăţăm să supravieţuim este prin angajarea în competiţie, încercând să fim mai buni în ceea ce facem pentru a reuşi. Ne dorim să fim persoane de succes şi încercăm să evităm eşecul. În felul acesta, viaţa devine o luptă între *bine* şi *rău,* deoarece am fost, cândva, pedepsiţi pentru lucrurile *rele* şi răsplătiţi pentru faptele *bune.* Aşadar, viaţa devine o dualitate între *bine* şi *rău,* conform condiţionării noastre.

Aici nu este vorba despre convenţiile pe care le stabileşte societatea în legătură cu plata taxelor, cu legea şi ordinea, ci despre răspunsurile noastre condiţionate şi modul în care socializarea influenţează reacţia noastră la *Protector.*

„Dincolo de ideea de bine şi rău, se întinde o câmpie. Ne întâlnim acolo."

RUMI (1207–1273), POET ŞI MISTIC PERSIAN

Trebuie să mă schimb

Fără ezitare sau frică, trebuie să înţelegem că limitele noastre există fără să simţim nevoia de a le schimba. Dacă ne spunem în sinea noastră *trebuie să mă schimb,* nu facem altceva decât să ne confirmăm singuri faptul că e ceva greşit la noi şi, prin urmare, ajungem să luptăm împotriva limitărilor noastre, în loc să conştientizăm pur şi simplu care sunt acestea. Nu vrem să ne aflăm în postura de a răspunde cu război la război pentru a aduce pace în inimile noastre.

Suntem deja perfecţi. Limitările noastre nu schimbă cu nimic ceea ce suntem de fapt. Dorinţa şi lupta pentru perfecţiune creează mai multă anxietate inutilă şi poate şi noi obstacole, care generează noi limitări şi tot aşa. Orice lucru împotriva căruia luptăm se va întoarce împotriva noastră şi ajungem să ne transformăm exact în cei împotriva cărora ne răzvrătim. Altfel spus, imediat ce ne-am angajat în luptă, am pierdut.

Viaţa nu este un conflict sau o problemă ce necesită rezolvare. Ea este o realitate de experimentat cu posibilităţi nelimitate. Cu cât luptăm mai mult împotriva vieţii sau a ceea ce nu vrem să vedem, cu atât mai mult îi întărim realitatea. Aşadar, este mai bine să păşim în această realitate şi s-o trăim cu braţele deschise decât să luptăm împotriva ei.

Pătrundeţi în realitatea comportamentelor voastre protectoare. Transformarea adevărată are loc atunci când aveţi compasiune faţă de voi înşivă, şi nu dorinţa de a vă schimba, deoarece orice astfel de încercare de a vă transforma în altceva sau de a scăpa de comportamentele nedorite vă va împinge imediat în afara conştiinţei de sine.

De exemplu, în momentul în care înţelegeţi un aspect al *Protectorului*, trebuie să acceptaţi în totalitate sentimentul indus de acel comportament fără a-l exprima sau reprima. Deseori, o astfel de experienţă directă scoate la iveală o emoţie şi o conexiune mai puternică cu viaţa şi trezeşte capacitatea de a simţi totul din inimă.

Nu vrem să ne confruntăm cu faptul că ne este frică. De aceea, vom căuta cu orice preţ siguranţa, cu frica implicită de a nu o obţine niciodată. Doar în adâncul sufletului şi în esenţa fiinţei noastre putem fi deschişi oricărei situaţii de viaţă care ne apare în cale şi putem accepta faptul că situaţiile au stat într-un fel în trecut şi sunt altfel acum. Acest lucru presupune multă iubire de sine pentru a putea învăţa şi a menţine permanent acest proces. *Protectorul* luptă pentru propria viaţă, pentru a supravieţui cu orice preţ şi, cu cât mai repede devenim conştienţi de reacţiile noastre şi ne înţelegem limitele, cu atât ajungem mai devreme pe calea spre conştientizarea de sine. Vindecarea poate veni prin conectarea cu senzaţiile care au precedat reacţia.

Protectorul ne impune să ne schimbăm cumva pentru a supravieţui. El vrea să scoată în evidenţă toate acele lucruri pe care le percepem drept eşecuri sau ameninţări şi aspectele care nu ne plac la noi. În momentul în care dăm de ceva de care nu suntem mulţumiţi, e posibil să ne întrebăm ce e de făcut. Iar atunci ne pierdem imediat conştiinţa de sine.

Ideile preconcepute şi obsesia de a deveni variante tot mai bune ale noastre nu vor face altceva decât să ne îndepărteze de momentul prezent, în speranţa că în viitor ceea ce ne-a supărat nu se va mai repeta. Dorinţa şi speranţa unei schimbări provin dintr-un sentiment de disperare. Noi sperăm că ne vom schimba, dar în realitate ajungem să construim şi mai multă disperare şi lipsă de speranţă. Majoritatea problemelor oamenilor provin din aşteptările pe care le avem legate de schimbare şi de lupta noastră de a fi mai buni. Acesta este conflictul. Dacă ne împotrivim unui lucru, el ne va provoca şi mai mult şi vom ajunge să fim şi mai departe de punctul în care ar trebui să ajungem.

Riscul

Pentru a ne vindeca şi a simţi iubirea adevărată, trebuie să ne asumăm mai întâi riscul de a nu fi iubiţi. Asta înseamnă să riscăm să simţim durerea primară determinată de respingere. Pentru a dobândi controlul trebuie mai întâi să-l cedăm.

E precum mersul, fiecare pas făcut înseamnă un pas pierdut. Când eram mici şi ne confruntam cu situaţii înfricoşătoare şi supărătoare, aveam nevoie de atenţia liniştitoare a părinţilor sau a celor care aveau grijă de noi. Cei care nu primesc această atenţie încearcă să se adapteze şi folosesc controlul de sine pentru a supravieţui. În unele cazuri grave, părintele este nervos şi-i răspunde copilului într-un mod agresiv, lucru care adaugă mai multă durere şi frică, ducând la noi încercări de adaptare din partea copilului. Aceste încercări poartă o umbră a fricii de abandon dezvoltată în relaţia cu persoana însăşi care ar fi trebuit să-i ofere copilului protecţie faţă de această frică. Efectul este devastator asupra copilului şi durează o viaţă întreagă.

Acest tip de persoană va dezvolta un *Protector* căruia îi este foarte frică că va fi abandonat de persoana iubită. Oamenilor din această categorie le este frică de agresivitate, intimidare şi trăiesc cu teama de a fi respinşi. Prin urmare, ca adulţi, vor avea un *Potector* mereu în alertă când va veni vorba de relaţiile personale. Sunt genul de persoane care se vor retrage atunci când vor avea de-a face cu dispute sau confruntări şi vor dori să evite conflictele sau stările de nesiguranţă în cadrul relaţiei. Nu-şi pot asuma riscul de a înfrunta persoanele cu care sunt într-o relaţie şi le este greu să aibă încredere în aceştia. Toate acestea devin un tipar care se repetă cu fiecare relaţie, afacere, mariaj sau parteneriat de orice fel. În încercarea disperată de a se proteja pe ei înşişi, aceste persoane nu se mai manifestă emoţional la exterior, ci îşi interiorizează supărările şi anxietatea. În consecinţă, aceşti oameni pot părea lipsiţi de sinceritate în relaţii.

Alţi oameni se pot dezvolta exact în sensul opus şi pot reacţiona foarte rapid, fiind nervoşi la suprafaţă şi plini de temeri în interior. Deciziile luate sub influenţa *Protectorului* le pot oglindi pe cele ale părinţilor. Copiem, aşadar, strategiile părinţilor noştri în timp ce ne dezvoltăm propria protecţie bazată pe felul în care s-au purtat cu noi.

Dacă aveţi copii, puteţi învăţa multe despre voi înşivă urmărindu-i cum se protejează de sentimentul de teamă. Veţi vedea ceea ce faceţi voi, de fapt şi, observând acest comportament, ultimul lucru pe care ar trebui să-l faceţi este să vă corectaţi copiii. Deşi este posibil să faceţi asta pentru că vreţi să vă vindecaţi şi ei vă amintesc de felul în care voi v-aţi protejat, la rândul vostru.

Adevărata vindecare are loc atunci când ne asumăm riscul de a ne exprima emoţiile. Daţi frâu liber emoţiilor, evident fără dramatism, dar fiind foarte conştienţi de ce simţim atunci când le exprimaţi. Dacă persoana faţă de care ne arătăm emoţiile este înţelegătoare şi ne susţine, atunci vom începe să vindecăm aceste reacţii. Dacă persoana respectivă nu este înţelegătoare şi ne respinge, acest lucru ne poate oferi informaţii în legătură cu ea şi este posibil să fie nevoie să evaluăm dacă este într-adevăr persoana potrivită care să ne sprijine în călătoria spre eliberare. Permiteţi-i să-şi exprime reacţiile şi aveţi înţelegere faţă de răspunsul pe care vi-l dă, chiar dacă nu este de acord cu voi. În felul acesta veţi putea deveni şi mai conştienţi de voi înşivă, deoarece veţi descoperi că şi acea persoană reprezintă o parte din voi. Şi pentru asta merită să vă asumaţi un risc.

A judeca şi a ierta

Am crescut programaţi să ne comparăm în permanenţă pe noi cu ceilalţi, analizând mereu dacă suntem mai buni sau mai răi decât ei. Astfel ajungem să ne judecăm şi mai mult pe noi înşine, fiindu-ne cei mai aspri judecători. În momentul când ne supunem singuri acestui proces, când ne separăm de ceea ce suntem cu adevărat, devenim atât judecător, cât şi victimă. Atunci când ne judecăm pe noi sau pe alţii, nu trăim în prezent şi, în plus, experimentăm sentimente neplăcute şi atragem mai multă negativitate în vieţile noastre. Adoptarea unei atitudini prin care renunţăm la judecată ne permite să ne privim cu compasiune.

Când vine clipa în care încetezi să te mai compari cu alţii, asta înseamnă că îţi trezeşti adevăratul eu, care este dincolo de judecată şi comparaţie.

Mai ales în zilele noastre, mai mult ca niciodată, din vieţile noastre lipseşte compasiunea. Unul dintre motivele inconştiente care-i determină pe oameni să meargă la psihoterapeut este nevoia de a fi în prezenţa cuiva fără ca, în acelaşi timp, să se simtă judecaţi sau jenaţi. Trăim acum într-o lume în care trebuie să plătim pentru a avea parte de compasiune. Ceea ce ne lipseşte cu adevărat este iubirea necondiţionată de care am avut parte atunci când am fost foarte mici şi pe care acum ne chinuim s-o regăsim apelând la *Protector.*

În realitate, se prea poate să fie imposibil să trăim în lume fără să-i judecăm pe ceilalţi, dar, dacă totuşi facem asta, avem în acelaşi timp şi posibilitatea să alegem dacă ne păstrăm o părere astfel formată şi pentru cât timp. Este responsabilitatea noastră cum abordăm şi ce facem cu acea judecată. Şi cum nu suntem capabili să facem acest lucru pentru noi înşine, deseori mergem la specialişti care sunt instruiţi să fie neutri, să nu judece deloc.

Exerciţiu pentru cititor

Iată un exerciţiu pentru a vă ajuta să înţelegeţi cum vă judecaţi şi cum vă iertaţi pe voi înşivă. Găsiţi o persoană şi rugaţi-o să vă pună următoarele întrebări. Răspunsurile nu necesită timp de gândire — permiteţi-le să curgă. Repetaţi întrebările şi răspunsurile de mai multe ori până identificaţi motivaţia din spatele acţiunilor voastre autoprotectoare.

1. *Ce vreţi să obţineţi în viaţă?*

2. *De ce anume vă este frică dacă nu reuşiţi să obţineţi acel lucru?*

3. *Pentru ce vă condamnaţi că nu aţi obţinut deja?*

4. *Vă puteţi aminti un eveniment stimulator care vă declanşează temerile şi autocritica?*

5. *Cum vă ascundeţi teama şi autocritica? Cum vă prefaceţi că sunteţi bine?*

6. *Completaţi această afirmaţie: mă iert pentru că mă judec în legătură cu...*

Protectorul este dinamica prin care ne ascundem frica și autocritica. Când devenim conștienți de modul prin care încercăm să ascundem aceste stări, stategiile *Protectorului* ne vor deveni clare.

„Ideea este ca o sculptură... nu mai adaugi, ci elimini părțile neimportante pentru ca adevărul să fie revelat exact așa cum este."

BRUCE LEE

Capitolul 3
Cel care observă şi cel care este observat

Protectorul *este o mască care ascunde cine eşti cu ceea ce crezi că eşti. Când purtăm masca prea mult timp, ajungem să nu mai facem diferenţa dintre mască şi noi înşine.*

Cum ne percepem propriile reacţii

Când ne simţim nemulţumiţi în legătură cu noi înşine, încercăm automat să scăpăm de starea de iritare aruncând vina fie pe noi, fie pe alţii. Motivul pentru care dăm vina pe ceilalţi este că nu putem suporta ideea că alţi oameni fac aceleaşi greşeli ca noi. Acesta este motivul pentru care unii oameni au o relaţie conflictuală cu părinţii lor. Atunci când nu suportăm anumite aspecte personale, *Protectorul* răspunde prin atacarea şi judecarea altor persoane la care găsim acelaşi lucru care nu ne place la noi. Îi judecăm sau încercăm să-i facem să se schimbe după standardele noastre, pe care nici măcar noi nu suntem în stare să le atingem. *Protectorul* poate ascunde acest tip de nemulţumiri faţă de noi înşine şi într-un alt mod, şi anume încercând să aibă grijă de alţii, de exemplu, oferindu-le lucruri pe care noi nu le avem (şi, în acelaşi timp, respingându-ne pe noi pentru asta.)

La acest nivel, noi nu trăim conform fiinţei noastre, ci conform *Protectorului.*

Întrebarea care se pune este cum facem să vedem *Protectorul* şi reacţiile exact aşa cum sunt, doar prin observarea reacţiilor pe care le avem la propriile noastre limitări? Acest lucru ne va permite să ne vedem *Protectorul* în acţiune, iar acest tip de observaţie ne poate face să ne întoarcem spre *a privi* mai degrabă decât de a fi controlaţi de *Protector.* Este un pas uriaş în dezvoltarea personală. Dacă putem observa asta, atunci vom vedea că suntem controlaţi de reacţiile noastre în orice moment şi, în loc să fim controlaţi de ele, putem începe să le controlăm noi, până în punctul în care ajung să nu mai contribuie la crearea unei false imagini pe care o avem despre noi înşine. Cheia este să privim cu compasiune, şi nu critic. A judeca este una dintre proprietăţile *Protectorului*, nu a noastră.

După cum puteţi observa, pentru a vă elibera de autocritică, observaţia este cea care vă va permite să vă eliberaţi de reacţiile personalităţii voastre protectoare. Asta înseamnă să îmbrăţişaţi întru totul ceea ce sunteţi şi motivele care vă determină să reacţionaţi aşa cum o faceţi. În acest proces nu trebuie să vă fie milă de voi, trebuie doar să aveţi compasiune pentru voi înşivă. Niciodată nu trebuie să încercăm să rezistăm, să ignorăm sau să ne respingem durerea. Ea ne face să ne simţim vii şi ne trezeşte, ajutându-ne să ne observăm reacţiile.

Înainte de a începe să formulaţi judecăţi, opriţi-vă pentru un moment şi respiraţi adânc. Doar atunci puteţi vedea comportamentul protector ca pe o undă pe suprafaţa unui lac. Sub ea se află frică, mânie şi chiar furie, durere, dar vom reuşi dincolo de asta să vedem clar reacţiile noastre la ceea ce nu vrem, de fapt, să descoperim în noi şi felul în care tehnicile de apărare devin măşti pe care le schimbăm constant şi le purtăm încercând să ne adaptăm la orice situaţie. Astfel, veţi vedea că strategiile voastre sunt simple încercări copilăreşti de a vă adapta la lumea din jur şi în timp ce continuaţi să folosiţi aceste strategii veţi continua şi să uitaţi cine sunteţi cu adevărat — esenţa fiinţei voastre.

Nu e nevoie de mai mult de o *fracţiune de secundă* de la expunerea la un stimul până la apariţia unei reacţii din partea noastră, dar perioada de timp până când dobândim capacitatea de a deveni cu adevărat conştienţi într-un interval aşa de scurt este cu mult mai lungă. Este nevoie de multă muncă asupra propriei persoane pentru a fi conştienţi de sine în acele momente. Practic, e nevoie să trăim conştient. În acele fracţiuni de secundă acţionăm din adâncul fiinţei noastre. Unii oameni spun că trăim din inimă atunci când acţionăm în conformitate cu ceea ce suntem cu adevărat şi nu ne comportăm în moduri care să satisfacă aşteptările altor persoane. Există momente în vieţile noastre în care ne-am comportat exact aşa, fără să ne gândim, fără să tragem concluzii şi fără să *încercăm* să trăim din inimă.

Aş spune că totul în viaţă poate fi atins prin observaţie şi repetiţie şi că ne putem dezvolta abilitatea de a fi orientaţi şi concentraţi pe cine suntem cu adevărat. Fiinţa noastră este foarte conectată la mediu şi interacţionează cu el, având grijă să se protejeze şi să se păzească constant, existenţa ei depinzând de reacţiile noastre la influenţele exterioare. Lumea din jur este influenţată de o serie de evenimente, pe care le catalogăm drept bune sau rele, conform convingerilor şi condiţionării noastre. Astfel de evenimente care vor reprezenta tot atâtea provocări vor exista mereu. Ce ar trebui să ne preocupe nu este ce s-a întâmplat în mediul aflat într-o permanentă transformare, ci modul în care reacţionăm noi la aceste schimbări.

Reacţiile permit circumstanţelor externe să preia controlul. Creierul este inundat, iar noi ne pierdem esenţa a ceea ce suntem cu adevărat, deci pierdem autocontrolul. Reacţiile noastre pot adăuga mai multă îngrijorare şi ajungem să facem şi mai multe liste, ne găsim mai multe lucruri de făcut, stabilim scopuri şi proiecte, pentru a evita durerea. Devenim sclavi ai mediului exterior, deoarece toate lucrurile pe care le construim provin din creier, care este dominat complet de *Protector*. În felul acesta, ne putem pierde simţul de sine şi, în loc să fim cine suntem, devenim cine credem că suntem, adică *Protectorul* nostru.

Trebuie să ne amintim de noi şi să nu ne lăsăm înghiţiţi de cerinţele mediului exterior. Trebuie să facem pasul de la a preţui ceea ce facem la a preţui ceea ce suntem.

Este important să fim conştienţi de modul în care ne adaptăm la mediul exterior şi să înţelegem felul în care ne comportăm atunci când dorim să obţinem iubire, atenţie şi aprobare. Această stare de conştiinţă de sine ne va da timpul necesar să procesăm şi să simţim experienţele pe care le trăim, în loc să reacţionăm şi să ne chinuim să găsim soluţii care se pot dovedi fără succes.

Trebuie să luăm o pauză, să simţim nevoia şi să înţelegem mesajul ei — să simţim durerea de a nu ne satisface nevoile, să simţim tristeţe şi să ştim de ce suntem trişti. Când simţim amărăciune sau durerea unor experienţe din trecut, îi permitem amintirii să revină în conştient şi trebuie să punem punct acestui lucru şi pur şi simplu să *simţim*. Dacă evităm să facem acest lucru, sfârşim prin a alerga mai repede spre *Protectorul* nostru. De asemenea, trebuie să învăţăm să ne acceptăm sentimentele, în loc să le reprimăm, ceea ce *Protectorul* face mereu. Dacă vom reuşi să facem toate acestea, vom intra într-un proces de maturizare.

Cum percepem felul în care interacţionăm

Cele mai bune indicii privind *Protectorul* nostru sunt date de interacţiunile care apar în cadrul relaţiilor pe care le avem, pentru că suntem construiţi cerebral să reacţionăm pentru a supravieţui, şi atunci munca noastră începe prin explorarea acestor interacţiuni. În izolare, este posibil să nu identificăm comportamentul nostru din moment ce nu răspundem la prea mulţi stimuli.

Aceste interacţiuni ne arată că, atâta vreme cât avem sarcini nerezolvate sau neterminate, este aproape imposibil să scăpăm de amintirile ascunse. Orice persoană din cercul celor cu care avem o relaţie în prezent care ne determină să reacţionăm într-un anumit fel ne poate fi învăţător. Putem învăţa de la aceste persoane, pentru că de multe ori ele reprezintă experienţe din trecut care ne accesează memoria ascunsă, ca în cazul persoanelor cu autoritate, de exemplu. Ne putem da seama că reacţionăm faţă de aceste persoane aşa cum am făcut-o şi în trecut. Dacă suntem atenţi la reacţiile noastre faţă de oameni şi relaţiile pe care le avem cu aceştia, le putem privi apoi ca pe tot atâtea oportunităţi de a aduce mai multă conştiinţă de sine în viaţa noastră, înţelegând modul în care amintirile ne influenţează. Trebuie să fim mai atenţi, în special, la orice ne derutează sau ne provoacă în conversaţiile cu ceilalţi, dar şi la ce anume îi derutează pe ei sau îi provoacă în legătură cu noi. Dacă oamenii sunt derutaţi de comunicarea noastră cu ei, acesta este în sine un mesaj despre cum comunică *Protectorul* nostru. Confuzia şi lipsa clarităţii sunt, de asemenea, strategii ale *Protectorului*. Vorbind din esenţa fiinţei noastre, conştienţi de momentul prezent, reprezintă un lucru de o claritate incontestabilă. Percepţia mea, când lucrez cu grupuri, este că, atunci când oamenii vorbesc astfel, toţi ceilalţi ascultă imediat, pentru că vorbitorul este sincer şi comunică din adevărata lui fiinţă. Când oamenii evită să facă acest lucru sau joacă tot felul de jocuri în procesul de comunicare, pierd foarte repede atenţia ascultătorilor.

A comunica este cheia aici. Amintiţi-vă felul în care dialogaţi atunci când vorbiţi cu alţi oamenii şi, dacă vă puteţi observa vorbind, veţi descoperi că, uneori, comunicarea poate să nu se potrivească deloc cu intenţia şi vocea interioară. Deseori, acest lucru se întâmplă când ne pregătim să vorbim. Când transmitem cuvintele noastre, dacă nu suntem conştienţi de prezent (în esenţa fiinţei noastre), putem spune lucruri fără însemnătate în orice conversaţie. Ne pierdem concentrarea şi suntem deturnaţi de *Protector*.

Fiecare interacţiune umană zilnică poate releva informaţii importante despre reacţiile noastre la amintiri ascunse. Chiar şi gesturile, expresiile faciale şi mişcările corporale pe care le avem în situaţii provocatoare ne pot oferi semnificaţii valoroase.

Acestea ne vor ajuta să devenim conştienţi de toate aspectele comportamentului nostru de apărare, deoarece ele nu vin doar din creier, ci din întregul nostru corp.

Deseori, ceea ce se poate întâmpla în conversaţia cu cineva este că putem să nu mai fim conştienţi de cine suntem şi să fim controlaţi de reacţiile noastre. Dacă putem observa expresiile celeilalte persoane şi propriile reacţii, vom începe să comunicăm din esenţa fiinţei noastre.

Observarea propriilor reacţii la orice se întâmplă, fără a judeca partea lor bună sau rea, cere o atenţie extraordinar de ascuţită, chiar şi pentru a ne feri de dorinţa de a judeca, ea fiind o altă manifestare a dorinţei de a fi *buni.* O minte extraordinar de ascuţită poate vedea linia subţire dintre răspunsul nostru inconştient şi reflecţia noastră conştientă. Când vedem *Protectorul* în acest fel, fără niciun fel de reacţie, atunci el se poate opri din încercările nereuşite de a adopta o strategie de supravieţuire. Tipul acesta de observaţie se aseamănă cu meditaţia care transcende *binele* şi *răul,* ce este *superior* şi ce este *inferior.*

Cum ne percepem propria realitate

Ce este realitatea? Cum ştim că asta este realitatea? Se pare că trăim folosind simboluri pentru a defini realitatea şi deseori le confundăm cu adevărata realitate. De exemplu, numele vostru este un simbol, nu sunteţi voi. Banii sunt un simbol al bogăţiei. Ideile sunt şi ele simboluri care ne despart de realitate, pentru că sunt imaginile pe care le avem despre noi. Realitatea este, de fapt, atât de simplă. Realitatea este că tu citeşti această carte acum — nimic mai mult. Însă, când suntem stresaţi, corpurile noastre inhibă reflecţia conştientă şi, pentru a putea coopera, promovează *Protectorul.* Astfel suntem mai puţin capabili să vedem realitatea, pentru că o vedem doar pe cea construită de noi. Suntem captivi ai reacţiei la stres, ceea ce creează o perspectivă asupra realităţii la care răspundem. Apoi, când privim în urmă, deseori ne întrebăm de ce am reacţionat în felul în care am făcut-o.

„Ceea ce este foarte evident nu este vizibil niciodată, până când cineva îl exprimă într-un mod simplu."

KHALIL GIBRAN (1883-1991),
FILOSOF ŞI POET AMERICAN (DE ORIGINE LIBANEZĂ)

Din nefericire, mulţi dintre noi trăim într-o lume în care stresul este din ce în ce mai mult o parte a vieţii zilnice. Ne facem griji în legătură cu banii, relaţiile şi sănătatea. Mediul în care trăim este plin de stres şi mulţi dintre noi nu au acces la genul de suport tradiţional — familia şi comunitatea —, deoarece mergem spre individualism. Presiunea se mută de pe grup pe individ; astfel, mediul ne provoacă frică şi, bineînţeles, construim din ce în ce mai multe percepţii false. În consecinţă, *Protectorul* nostru câştigă mai multă putere şi prezenţă.

Cum ne asimilăm percepţiile

Creierul nostru are modele de realităţi pe care le adaptează încontinuu şi le modifică pentru a face faţă mediului prin informaţiile primite de la simţuri. El este într-o stare de schimbare permanentă. Riscăm să percepem adevărata lume prin intermediul vechiului model al lumii creat de creier conform experienţelor intense din trecut. Putem fi astfel în pericolul de a vedea o lume falsă, pentru că suntem alcătuiţi din convingerile şi iluziile noastre bazate pe amintirile depozitate în creier.

Cum ştim dacă modelul creat de creierul nostru este adevărat sau nu? Ştim asta dacă obţinem rezultatele dorite sau nu. Modelul reiese când comunicăm cu alţii şi atunci putem vedea clar că alte tipare pot fi diferite de al nostru. Tot ceea ce experimentăm se leagă de amintirea pe care o atribuim situaţiei respective. Dacă suntem atenţi la cât de eficientă este comunicarea noastră, vom vedea şi că trăim într-o realitate construită de noi şi că ne structurăm o lume proprie. Este greu să fii convins de altă părere şi noi luptăm pentru realitatea noastră: aşa cum scrie în romanul *Iluzii: Aventurile unui Mesia reticent* al lui Richard Bach, „Contrazice-te cu propriile tale limitări, pentru că ele cu siguranţă sunt ale tale".

Dacă suntem nemulţumiţi de propria percepţie a realităţii, o putem modifica, mai întâi prin observarea modului în care experimentăm lumea şi apoi prin a începe să vedem lumea diferit, aşa cum vrem s-o vedem.

Cum ne percepem imaginea

Fiecare dintre noi îşi construieşte o imagine despre sine bazată pe comportamentul protector. Însă acesta este exact ceea ce nu ne place la noi, pentru că avem o altă imagine despre cum *ar trebui* să fim. Când ne vedem limitările, ne spunem *că ar trebui să fim aşa* sau *ar trebui să nu fim aşa.* Acum avem o imagine construită pe comportamentul protector şi o alta construită pe reacţiile la comportamentul de apărare. În această lume, între *sunt aşa* şi *ar trebui să fiu aşa,* uităm de adevăratul nostru eu. Se întâmplă asta pentru că ne este frică să ne vedem propriile imperfecţiuni şi apărăm imaginea perfecţiunii. De aici încolo, comportamentul protector ne împinge spre a ne preface că suntem perfecţi. Problema apare când uităm cum *ar trebui să fim* şi facem greşeli, spunând minciuni, de exemplu. Apoi ne găsim în contradicţie cu propriile standarde de perfecţiune şi ne urâm şi ne luptăm cu noi înşine şi mai mult. Imaginea de sine nerealistă este zdruncinată.

Cum percepem necunoscutul

Pe măsură ce ne ataşăm de *Protectorul* nostru, devenim egoişti şi ne amăgim singuri în legătură cu sinele nostru real. *Protectorul* este acum *cunoscutul* — ceea ce credem noi că suntem. A trăi fără *Protector* este *necunoscutul*. Nu ştim alt mod de a trăi şi gândul de a fi fără *Protector* creează un sentiment de frică faţă de necunoscut. Acesta însă se află dincolo de frica noastră, de golul din noi, de suferinţa personală. Este dincolo de credinţele că nu suntem iubiţi.

Necunoscutul este ceea ce suntem cu adevărat, dar noi ne agăţăm de suferinţă şi renunţăm la fericirea dorită pentru că nu vrem să renunţăm la ce cunoaştem şi la reacţiile noastre familiare faţă de experienţe şi amintiri trecute.

Când renunţi la ceea ce crezi că eşti, devii ceea ce eşti cu adevărat.

Cu toate astea, cel mai mult ar trebui să ne fie frică de *cunoscut*, pentru că, renunţând la ceea ce ştim, vom găsi libertatea. Majoritatea oamenilor se tem de necunoscut, dar probabil asta este doar o altă credinţă preluată de cei mai mulţi dintre noi. Am putea schimba acest lucru. Ne-am putea spune că cel mai frică ne este de cunoscut, şi nu de necunoscut. Putem alege să facem asta datorită faptului că tot ceea ce cunoaştem din trecut a fost şi este dureros, iar necunoscutul este plin de posibilităţi.

Cum ne percepem dorinţa de perfecţiune

Pare că suntem instruiţi să învăţăm prin contrast. Când vedem că *Protectorul* nostru acţionează greşit, ne vedem ca fiind *răi*. Încercăm să fim *buni* respectând însă standardele înalte pe care ni le-am propus. Astfel, vieţile noastre au devenit o luptă între *bine* şi *rău* şi, în consecinţă, îi vedem pe ceilalţi ca fiind *buni* sau *răi*. Ne-am pierdut capacitatea de a percepe realitatea. Ajungem să trăim într-o lume creată de dualitate: bine şi rău, bogat şi sărac, superior şi inferior, iar aceasta nu este realitatea adevărată, lucrurile nu stau aşa în fapt.

Această gândire poate avea consecinţe devastatoare asupra comportamentului nostru şi poate contribui la întărirea *Protectorului*. La rândul său, *Protectorul* ne face să trăim viaţa ca şi cum am încerca să dovedim tuturor că suntem *buni*, nu *răi*. Încercăm prin multe metode diferite să-i convingem pe oameni că noi suntem *buni*. Asocierea învăţată spune că *bun* este acceptabil şi *rău* este inacceptabil şi trebuie pedepsit. Evident că acest aspect aduce şi mai multă putere *Protectorului*, în timp ce încercăm cu disperare să fim plăcuţi, pentru că suntem oameni *buni*.

Putem observa toate acestea când un copil simte că mama îl iubeşte doar dacă se comportă într-un anumit fel. Ea nu are răbdare cu el când crede că este *obraznic*. În consecinţă, copilul începe să asocieze acel comportament cu a fi *rău* sau crede că nu este *bun* oricând mama spune că el este *obraznic*.

Din păcate, unii părinţi divid lucrurile în *bune* şi *rele* pentru că aşa au fost educaţi şi ei, iar acum continuă să transmită acest tip de instrucţie copiilor lor, în ciuda intenţiilor bune, vrând să le încurajeze implicarea în lume. Ceea ce se întâmplă însă este că cel mic începe să-şi reprime sentimentele, ceea ce va continua să facă şi în viaţa adultă. Copiii pot ajunge să sufere în tăcere, singuri, până când nu mai sunt conştienţi deloc de suferinţă.

De la o vârstă fragedă, mulţi oameni învaţă să nu-şi mai exprime sentimentele, probabil pentru că au impresia că nimeni nu-i acceptă sau înţelege când suferă. Ei nu ştiu că vor fi iubiţi şi dacă sunt trişti, nervoşi sau când cer afecţiune şi de aceea continuă să se străduiască să fie *buni* pentru a fi iubiţi. Mai mult decât atât, unii dintre ei îşi inhibă sentimentele negative, care rămân în inconştient şi sunt stimulate de evenimente din viaţă. Rezultatul este că *Protectorul* învaţă să se comporte foarte bine, este foarte înţelegător şi de încredere, deci o persoană *bună.*

Este fascinant să vedem că motivaţia de a fi *bun* derivă din frică. Pe baza primelor noastre lecţii, nu trebuie să fim răi sau să ne simţim prost în niciun fel. Majoritatea conflictelor din lume apar din încercarea unor oameni de a fi *buni* în loc să fie ei înşişi. Acest punct de vedere nu trebuie luat ad litteram, având în vedere că oamenii buni aduc contribuţii majore în lume. Însă unii oameni încearcă să fie buni pentru că le este frică să înfrunte durerea. Ei vor să evite să fie răi sau pur şi simplu nu sunt conştienţi de faptul că motivaţia lor de a fi buni este frica, iar acest lucru poate fi periculos. Permiteţi-mi să folosesc exemplul oamenilor care luptă pentru dreptate sau pentru a-i proteja pe cei săraci. Desigur, este o cauză nobilă, dar încercarea lor de a LUPTA pentru această cauză poate fi agresivă. Aceste reacţii pot fi reflexii ale unei agresivităţi ascunse faţă de un tiran din trecut (mamă, tată sau profesor, de exemplu). Tiranul sau tirania împotriva căreia luptă poate fi reprezentarea unei amintiri ascunse a experienţelor injuste suferite cu mult timp în urmă.

Un alt aspect sensibil este iertarea. Aceasta reprezintă modul prin care cineva îşi uşurează povara suferinţei. Dicţionarul de engleză Oxford defineşte iertarea drept: „A scuza şi a renunţa la orice pretenţie în urma unui atac sau a unei datorii". Iertarea este promovată de religii, norme sociale, iar noi am fost învăţaţi că oamenii *buni* iartă. Însă aici provocarea este următoarea — şi vă puteţi pune această întrebare: de câte ori în viaţă aţi iertat pe cineva, dar în adâncul sufletului vostru eraţi încă supărat?

Iertarea poate fi un mod de a ascunde resentimentul, mânia şi indignarea şi ne poate duce în capcana de a încerca să fim oameni buni pentru că oamenii buni sunt iertători. Şi, cu toate astea, avem în acelaşi timp un sentiment de nedreptate în legătură cu ceea ce ni s-a întâmplat şi asta poate fi o inhibare a agresivităţii, care duce la şi mai multă agresivitate. Aş merge şi mai departe cu afirmaţia că iertarea poate fi folosită drept o strategie a *Protectorului* de a evita conflictul, deoarece frica de conflict este un mod de a ne apăra de rănile emoţionale şi în felul acesta folosim iertarea ca pe o mască a oamenilor buni.

Trebuie să subliniez că nu sunt împotriva iertării, care poate fi vindecătoare pentru mulţi, dar poate fi şi o modalitate de a ne proteja de realitate. În termenii relaţiei dintre cel care iartă şi persoana iertată, cel ce iartă poate fi persoana bună, iar cel iertat poate deveni/rămâne persoana rea, care a făcut ceva rău şi, practic, în felul acesta suntem permanent captivi între bine şi rău.

Am citit o ştire în ziar cu titlul „Nu pot ierta criminalii; mama victimei unei explozii cu bombă renunţă la preoţie" despre o preoteasă care a recunoscut că-i era greu să-i ierte pe oamenii care i-au ucis fiica şi a decis astfel să renunţe la preoţie.

Multe religii promovează iertarea şi ne amintesc de nevoia umană de a practica iertarea unul faţă de celălalt dacă vrem să fim oameni buni şi religioşi. Dar voi sunteţi deja buni/e, nu trebuie să mai încercaţi să fiţi! Nu vă doriţi să vă vindecaţi. Nu vă doriţi să evitţi durerea şi frica. Cu năzuinţa de a fi perfecţi ajungem să avem nevoia permanentă de a schimba ceea ce percepem ca imperfect şi acest lucru determină multe alte complicaţii în noi înşine. Aceasta este o capacitate imposibilă şi de neatins pentru majoritatea oamenilor, în majoritatea timpului.

Observarea, şi nu respingerea sentimentelor negative vă permite să fiţi împăcaţi cu ele. Nimic nu poate da mai multă încredere decât observarea şi acceptarea propriilor îndoieli. Nimic nu vă poate ajuta să simţiţi compasiunea mai mult decât observarea propriilor limite. Nu există nimic mai puternic în generarea iubirii decât observarea lipsei de dragoste din voi.

Aş vrea să accentuez, din nou, că nu este nevoie de luptă pentru schimbare, deoarece, dacă luptăm pentru pacea din viaţa noastră, purtăm de fapt un război. Aşa cum a zis

Gandhi: „Niciodată să nu luptăm împotriva nedreptăţii, în schimb, să facem tot posibilul pentru a o scoate la iveală".

Majoritatea reacţiilor noastre sunt de fapt încercări eşuate de a scăpa dintr-o realitate dureroasă pe care nu o putem accepta sau tolera. Problema este că *Protectorul* este o reacţie la durerea din viaţă şi reacţia noastră faţă de *Protector* urmăreşte acelaşi tipar. Cu alte cuvinte, un aspect al *Protectorului* este să se respingă pe sine. Din acest motiv trebuie să fim extrem de atenţi pentru a observa momentul în care ne dăm seama că acţionăm din comanda *Protectorului* sau din afara lui — fără să acuzăm, fără să ne justificăm şi fără să ne eschivăm. Nu vrem să fim *răi*. Noi vrem să ne vedem pe noi ca persoane ideale, perfecte. Perfecţiunea este convingerea despre cum ar trebui să fim. Dorinţa de a ne schimba în mai bine confirmă că, de fapt, ceva nu e în regulă la noi şi apoi începem să ne judecăm şi să ne pedepsim şi mai mult. Transformarea poate avea loc dacă observăm exact cine suntem, cu căldură şi compasiune, fără judecată sau dorinţe de orice fel, idei preconcepute sau opinii.

Cum ne percepem războiul interior

Dificultatea în această călătorie spre descoperirea de sine apare imediat ce devenim conştienţi de personalitatea noastră protectoare, pentru că atunci începe o altă bătălie în capul nostru, care se duce între judecător şi acuzat. Ar trebui măcar să conştientizăm că acest lucru arată clar că persoana care ne judecă cel mai mult suntem chiar noi. Persoana care ne tot aminteşte de greşelile făcute în trecut suntem noi. Aceste lucruri ne fac să ne separăm de ceea ce suntem cu adevărat. Călătoria se rezumă la a învăţa cum să ne tolerăm şi să fim indulgenţi cu noi. Dacă nu ne putem accepta propria persoană, nu putem accepta pe nimeni. Trebuie să fim indulgenţi cu noi înşine. Trebuie să ne dominăm sinele copilăros şi speriat şi să privim spaima lui cu compasiune.

Fiecare dintre noi reprezintă lumea. Fiecare dintre noi poartă miliarde de celule şi aceste celule interacţionează între ele, comunică şi se constituie în grupuri. Ele comunică chiar şi în moduri diferite prin neurotransmiţători diferiţi — asemănător cu a vorbi alte limbi. Când nu suntem buni cu noi înşine, de multe ori ne judecăm şi ne criticăm. Ne declarăm singuri război şi atunci viaţa devine un câmp de luptă al încercărilor eşuate de a ne schimba. Este acelaşi lucru cu ceea ce se întâmplă astăzi în lume în ţările în care grupuri religioase diferite se luptă, se judecă şi se urăsc între ele. Dar, aşa cum suntem una cu esenţa fiinţei noastre ca indivizi, la fel suntem şi în lume.

Toţi suntem unul, toţi împărţim un corp (Pământul) şi toţi mâncăm, dormim, respirăm acelaşi aer. În plus, toţi ne naştem şi murim exact cum o fac celulele umane. Din păcate, creierul nu este capabil să înţeleagă ideea că suntem toţi o singură entitate.

De exemplu, de la invazia din Irak din 2003, rezultatul a fost că Vestul a devenit mai detestat de statele musulmane decât era înainte. Există mai mulţi atentatori sinucigaşi cu bombe decât oricând în istorie. Scopul afirmat al războiului a fost acela de a scăpa de un dictator agresiv; există unul la fel în fiecare dintre noi, noi îi detestăm şi rezultatul implică mai multă ură în lume. Aceasta este o analogie pentru fiecare dintre noi: începem să ne urâm dacă încercăm să ne schimbăm. Dacă luptăm cu limitările noastre, ele ne vor ataca, aşa cum se întâmplă şi în lumea exterioară. Totul se întâmplă ca un răspuns imediat. Noi luptăm chiar şi împotriva oamenilor care luptă pentru a opri războiul.

Trebuie să ne ridicăm conştiinţa deasupra gândului că războiul e rău sau că oamenii care duc un război sunt răi. Trebuie să ne reamintim unele greşeli pe care le-am făcut în trecut. Amintiţi-vă de câte ori v-aţi pedepsit pentru ele şi de câte ori le-aţi regretat şi v-aţi urât pentru că le-aţi făcut. Noi credem că acesta este un mod eficient de a le aborda şi, cu toate acestea, continuăm să le facem, lucru care aduce şi mai multă durere şi mai multe greşeli, şi astfel ciclul continuă.

Observaţi-vă limitările ca pe un lucru pe care l-aţi făcut în trecut şi atât. În acel moment nu aţi avut conştiinţa pe care o aveţi acum, aşa că de ce să vă pedepsiţi pentru ceva ce aţi făcut fără să ştiţi cum se face?

Rezistenţa nonviolentă şi extrem de eficientă faţă de englezi a lui Gandhi este un exemplu minunat de ridicare a conştiinţei, aşa cum spun vorbele lui celebre: „Cât timp încercăm să ne pedepsim pentru limitările noastre, nu ne vom găsi pacea".

Dacă ne purtăm cu noi înşine la fel cum ne purtăm cu persoana pe care o iubim cel mai mult în viaţă, vom trăi având alături persoana care ne iubeşte cel mai mult.

Cum percepem momentul

Călătoria pentru noi, acum, înseamnă să stăm liniştiţi şi să încercăm să nu schimbăm absolut nimic. Trebuie să ne abandonăm momentului de atenţie conştientă şi să-i permitem să se desfăşoare în următorul, care se va transforma în altul. Fiecare moment este o experienţă care este într-o permanentă schimbare şi noi trebuie să fim prezenţi acum şi să nu ne gândim la trecut sau viitor.

Avem nevoie de mult curaj pentru a avea inima deschisă faţă de orice vedem sau facem şi să ne acceptăm propriile greşeli pentru a nu le mai trata ca pe nişte probleme. Doar atunci nu vom mai fi victime ale trecutului nostru. Faptul că citiţi această carte acum înseamnă că nu mai sunteţi o victimă a amintirilor *Protectorului* vostru. Fiecare moment şi experienţă de care ne agăţăm devine o amintire de care rămânem legaţi. Şi această *legătură* este cea care ne ţine departe de esenţa fiinţei noastre, dar avem puterea de a ne schimba centrul atenţiei.

Protectorul este un proces mecanic şi, chiar dacă face o treabă bună şi ne protejează, ne poate umbri adevăratul eu. Acest lucru se întâmplă deoarece *Protectorul* este ataşat de experienţe exterioare, în timp ce eul nostru, nu.

Esenţa a ceea ce suntem cu adevărat reprezintă atenţie sau conştiinţă totală, spre deosebire de creier, care înregistrează orice senzaţie, plăcută sau nu. Eul nostru funcţionează în momentul *acum*, întrucât este singurul moment în care nu există trecut sau viitor. *Protectorul* încearcă să lupte cu reacţiile noastre faţă de trecut, însă, în acţiunea lui, dă putere trecutului nostru mai mult decât prezentului. Acest proces, în schimb, ne imaginează viitorul şi înseamnă că noi privim spre viitor cu frică şi anxietate în legătură cu ce ni se poate întâmpla. În ceea ce ne închipuim despre viitor cu anxietate, descoperim că nu mai trăim în prezent.

Protectorul ne convinge că ceea ce ni s-a întâmplat în trecut se va repeta cu siguranţă şi în viitor. Nu doar atât, dar sfârşim prin a anticipa că se va petrece întocmai. Amintirile trecute şi convingerile sunt ceea ce cunoaştem şi ne construim un model al lumii pe baza lor.

Cum percepem suferinţa

Din păcate, la un moment dat al vieţii noastre am trăit cu toţii experienţa dureroasă a pierderii sau a respingerii. Poate am avut inima frântă sau am fost trădaţi de cineva în care aveam încredere. *Protectorul* caută să scape de această durere încercând să ne scoată din minte persoana respectivă ca să ne putem continua viaţa. Însă asta înseamnă că alegem să ne reprimăm durerea în loc să o înfruntăm şi putem ajunge să recurgem la comportamente prin care pretindem că acum putem râde de ceea ce ni s-a întâmplat sau că nu ne pasă. Ca răspuns la suferinţă, unii oameni ajung să bea în exces ca *să uite* sau se cufundă în muncă. Alţii pot ajunge să aibă simptome psihologice grave.

„Din suferinţă au apărut cele mai tari suflete. Cele mai puternice caractere sunt acoperite de cicatrice."

KHALIL GIBRAN

Dacă în loc să ne evităm suferința, o analizăm, este posibil să simțim că o parte din noi moare. Frica de a pierde totul ne poate invoca *Protectorul* care încearcă să umple golul cu multe alte lucruri. Dacă vă analizați suferința, în mod conștient, fără a încerca să vă eschivați, descoperiți că nu voi, ci *Protectorul* vostru moare — acea parte din voi care nu știe cum să se iubească, partea care nu este reală. Suferința îi aduce mult stres *Protectorului,* deoarece asta înseamnă că, în momentul trădării sau al unei suferințe a inimii, protecția v-a dezamăgit. Sarcina *Protectorului* este să vă apere, iar atunci când suferiți *Protectorul* încetează să vă mai protejeze și nu vă mai negați durerea.

Suferința poate fi un șoc imens întrucât subminează puterea *Protectorului.* Inima nu trăiește înainte de a experimenta durerea; ea doarme până când o trezește o lovitură. Apoi ea dăruiește necondiționat și fiecare lovitură ce ajunge la inimă ne trezește și ne face să empatizăm cu ceilalți. *Protectorul* nostru se preface că e puternic, că face față și protejează o imagine falsă. În mod ironic, dacă vă reduceți la zero, atunci adevăratul vostru eu va avea loc să se manifeste. Iubirea se va exprima dacă ne-am golit complet, pentru că abia atunci vom vedea cine suntem cu adevărat.

„O, prieten drag, dacă dorești ca să aștearnă cineva rânduri pe tine, devin-o foaie albă."

Rumi

Suferința e ca un foc care arde *Protectorul.* Ceea ce rămâne după acest proces este adevărata noastră ființă, sinele nostru real, pentru că el nu poate fi ars sau distrus, prin urmare nu poate muri. Ființa noastră este momentul prezent conștient și nimic nu i se poate întâmpla. Masca noastră este singura parte din noi care arde. Masca nu suntem noi, ea este doar o imagine și la început suferim când o pierdem, pentru că ne-am obișnuit să ne ascundem în spatele ei pentru a supraviețui.

Noi identificăm masca drept imaginea noastră. Dacă această imagine este redusă la zero, ne putem vedea adevăratul eu. Acest lucru se poate întâmpla când avem un şoc puternic în viaţă şi ne simţim distruşi, dar, de fapt, ne-a fost luată doar masca şi ne simţim goi. Contactul cu esenţa fiinţei noastre ne este oferit dacă nu ne împotrivim suferinţei, pentru că atunci când simţim că nu mai avem nimic adevărata noastră lumină străluceşte şi devenim conştienţi de existenţa noastră aici şi acum. În momentul suferinţei apare şi multă durere, dar când ne recuperăm suntem capabili să accesăm alte părţi din interiorul nostru despre care nu ştiam că există.

Majoritatea dintre noi însă încearcă să evite suferinţa, pentru că noi considerăm că durerea este ceva rău. Aceasta nu este o invitaţie de a promova sau de a evita suferinţa; este vorba despre a observa o suferinţă actuală şi a-i permite să ne dezvăluie durerea *Protectorului* nostru care încearcă să ne protejeze. Dacă nu protejezi sau justifici nimic, nu suferi. Nu există suferinţă în momentul prezent, conştient, pentru că toată durerea este corelată cu trecutul şi modul în care am încercat să ne protejăm de el. În momentul conştient, trecutul s-a scurs deja. Acestea fiind spuse, să nu mergem în extrema cealaltă, promovând suferinţa; aceasta ar fi tot o încercare a *Protectorului* de a fi victima care are nevoie să sufere pentru a se vindeca.

Protectorul încearcă din greu să construiască pentru noi ceva din nimic. El nu ştie că a fi nimic înseamnă a fi plin de iubire şi libertate. Lipsa ataşamentului şi a dorinţei de a fi ceva anume este adevărata iubire. Trebuie să experimentăm acest strat emoţional profund până la capăt şi avem nevoie de mult curaj pentru a fi *nimeni* şi a ne pierde mândria. Dacă suntem dispuşi să facem acest lucru, putem fi liberi. De fapt, toate straturile emoţionale sunt metode de apărare împotriva existenţei ca nimic. Dacă suntem dispuşi să experimentăm o stare emoţională profund şi complet, vom descoperi conştiinţa de sine atât din punctul de vedere al experienţei, cât şi al aceluia care experimentează şi atunci ne vom elibera, nu vom mai fugi de stările negative către cele pozitive. De asemenea, ne vom detaşa de regrete şi legături. Nu va mai exista niciun fel de rezistenţă la emoţia care apare din conştiinţa noastră de sine. Nu va mai fi nevoie să ne ascundem în poveşti.

E nevoie de mult curaj pentru a trăi în această lume cu sufletul deschis. Durerea din trecut ne face să ne ferecăm inimile, ca să nu mai fim răniţi, iar acest lucru este în sarcina *Protectorului.* Dacă ne dorim succesul cu disperare, trebuie să ne lăsăm inima să fie rănită şi să ne dăm voie să greşim. Dacă ne dorim cu disperare să fim cu cineva, trebuie mai întâi să fim singuri. Să ne dăm voie să simţim durerea, dacă nu am făcut asta mai demult. Să ne dăm voie să spunem „eu nu sunt capabil/ă, simt durere, sufăr, sunt trist/ă şi am greşit" şi apoi vom vedea ce se află sub toate acestea.

Secretul pentru a ne simţi iubiţi este să fim dispuşi să simţim cum este să nu fim iubiţi şi totuşi să rămânem cu inima deschisă.

Cum percepem starea de a nu fi iubiţi

Atât de mulţi oameni ne spun că trebuie să ne iubim pe noi înşine, dar cum să facem asta oare? Dacă cineva mă întreabă dacă mă iubesc pe mine însumi, simt că mi se pune întrebarea greşită. Nu există un răspuns, pentru că nu există o metodă de a face asta. Deja facem acest lucru, altfel nu am fi în viaţă astăzi. Iubirea poate fi cea care ne păstrează corpul întreg. Dacă ne rănim, corpul va începe imediat vindecarea, fără permisiunea noastră. Nu este acesta un semn de iubire?

Protectorul nu este dispus să facă faţă durerii de a nu fi iubit, pentru că scopul său principal în viaţă este să ne protejeze de asemenea sentimente. De fapt, aceasta este cheia de a simţi că suntem iubiţi, pentru că, dacă asta este dorinţa noastră, trebuie mai întâi să riscăm să simţim exact opusul. Aceasta este uşa secretă către inimă.

Este nevoie de multă iubire de sine pentru a avea curajul de a simţi că nu eşti iubit şi de a fi vulnerabil — fără să ne ascundem în spatele unui mecanism de supraviețuire, pretinzând că suntem o persoană iubitoare căreia îi este frică de durerea de a fi respinsă. Sau să ne ascundem în spatele rolului de salvator și, ajutându-i pe ceilalți, să fim speriați, în continuare, de abundență și de propria nevoie de a fi salvat. Repet, ar putea fi mediatorul care lasă deoparte nevoile personale pentru a-i face pe ceilalți fericiți. Ei încearcă din răsputeri să le ofere oamenilor ceea ce au nevoie cu adevărat sau să-și depășească propriile temeri de conflict.

„Misiunea noastră nu este să căutăm iubirea, ci doar să căutăm și să găsim barierele din interiorul nostru pe care le-am construit în calea ei."

RUMI

Cum analizăm modul în care căutăm iubirea

Protectorul caută recompense și vrea să fiți iubiți și plăcuți, dar tragedia este că atunci când oamenii caută recompense ei devin mai puțin importanți decât recompensele lor. Dacă renunțăm la acestea, ne ridicăm deasupra lor.

O provocare directă la adresa *Protectorului* este să fim dispuși să nu fim nimic — durerea pe care am purtat-o cu noi de-a lungul anilor ne definește. Trebuie să privim dimensiunile incomode ale personalității noastre. Trebuie să fim dispuși să întâlnim și să înfruntăm durerea de a nu fi iubiți, privind cu adevărat profund în inimile noastre, până când ne vedem ca fiind pur și simplu nimic. Acel nimic este plin de iubire, deoarece nu este atașat de altceva în devenirea lui.

Nevoia de a fi iubit trebuie simțită înainte de a înfrunta lipsa împlinirii. Dacă putem trăi apoi în acest loc, toate reacțiile noastre se vor baza pe iubire, nu pe frică. Dacă ne cultivăm frica în mod constant, vom transmite teamă, indiferent cât de mult încercăm s-o ascundem. Când frica îşi arată colţii, să ascultăm ce spune. Luaţi frica aşa cum este, pentru că, dacă o înţelegeţi, nu mai trăiţi cu ea.

Dacă avem curajul de a visa că ne pierdem imaginea pe care o avem despre noi, care este construită de *Protector*, vom fi nimic. Doar atunci ne putem găsi adevăratul eu.

Cum ne percepem umanitatea cu umilinţă

Cum ne putem accepta mai mult pe noi înşine? Cum putem găsi acel spaţiu interior care va fi răbdător cu noi atunci când reacţionăm? Cum putem găsi un spaţiu în noi care vede lumea ca pe un mediu iubitor, nu ostil? Cum putem vedea cine suntem dincolo de iubire, ură şi frică şi să simţim totul fără a fugi, a diseca şi a alege binele de rău, fericirea de tristeţe?

Răspunsul poate fi găsit când nu ne agăţăm cu încăpăţânare sau nu ne legăm de experienţele avute. Fericirea începe prin acceptarea şi recunoaşterea comportamentului nostru, şi nu prin învinovăţirea pentru ceea ce am făcut.

Începeţi prin a simţi ceea ce vi se întâmplă în fiecare moment, chiar şi la nivel fizic. Provocarea este să ne respectăm reacţiile, sentimentele şi să începem să vedem că tot ceea ce am făcut în viaţă este aşa cum a fost. Trebuie să înţelegem şi să recunoaştem că efectul trecutului asupra noastră nu poate fi modificat în niciun fel. Va veni un moment în viaţa noastră când vom accepta tot ce ni s-a întâmplat, fie greu, rău, bun, banal sau nebunesc — aşa era şi aşa este. În plus, trebuie să acceptăm modul în care am reacţionat la ceea ce ni s-a întâmplat. Doar aşa vom începe să părăsim închisoarea trecutului nostru şi vom înceta să fim victimele lui, pentru că acum putem trăi cu el. Vom şti când am atins starea de acceptare pentru că acele lucruri din trecut nu se vor mai repeta.

Cum percepem insuportabilul

Aşa experimentează esenţa fiinţei noastre lumea. Nu se gândeşte la ce ar *trebui* să fie. Când ne golim de orice şi rămânem nemişcaţi, privind *Protectorul* fără dezaprobare, critică sau justificare a acţiunilor noastre şi când ne oprim din căutarea schimbării, atunci ne vom îndrepta spre acceptare.

Călătoria spre vindecare nu are o destinaţie precisă. Ea este o stare de acceptare, compasiune, deschidere şi dorinţa de a trăi cu temerile noastre. De asemenea, vindecarea depinde de capacitatea noastră de a fi deschişi, de a accepta cele întâmplate chiar dacă sunt insuportabil de dureroase. Astfel, vom creşte de la starea de copil, care nu putea tolera durerea şi respingerea, la cea de adult, care poate suporta respingerea, fără să fugă de ea. Ca *adulţi*, vom avea destul loc în inimile noastre pentru a cuprinde durerea şi respingerea şi pentru a îmbrăţişa iubirea. Negarea insuportabilului este exprimată de *Protector* prin încercări de evitare a durerii şi iubirii — şi astfel, evită şi libertatea.

Munca cu noi înşine nu se încheie niciodată. Destinaţia nu există. Există doar desfăşurarea posibilităţilor şi aflarea modului în care ne putem iubi pe noi înşine.

Capitolul 4
Cum să ne trăim sentimentele așa cum sunt ele

Adevărata iubire de sine ne permite să ne îmbrățișăm propria durere și frică cu înțelegere.

Îmbrățișează-ți emoțiile omenești firești

Cheia transformării noastre este să începem să lăsăm sentimentele din trecut să treacă în mod firesc, iar acest lucru se poate întâmpla doar dacă le trăim, fără să ne ascundem de ele, permițându-le să se îndepărteze de noi. Nu este nevoie de vindecare, de învățare sau de a ne ascunde în spatele vreunei metode, ci doar să ne trăim propriile sentimente. Trebuie să conștientizăm fiecare situație dificilă și eveniment neplăcut care ne face să simțim că pierdem controlul. O reacție normală ar fi să ne enervăm, să simțim durere și frică pe măsură ce pierdem controlul emoțiilor noastre, ceea ce este prea mult de suportat pentru *Protectorul* nostru. Se întâmplă astfel din cauza nevoii *Protectorului* de a supraviețui. Noi încercăm să recâștigăm controlul și să corectăm ceea ce ni se întâmplă pentru a restabili echilibrul cât mai repede posibil. În unele cazuri, când durerea evenimentului este extrem de intensă, apare un mecanism de adaptare remarcabil pentru a ne proteja. La copii, deseori apare disocierea completă de evenimentul respectiv.

„Emoţia este principala sursă din care totul devine conştient. Fără emoţie, întunericul nu se poate transforma în lumină şi nici apatia în mişcare."

CARL JUNG

Detaşarea emoţională

În Partea I a cărţii am explorat cum se produce detaşarea emoţională cu scopul de a ne proteja de durere. Putem vedea acest lucru în cazul unui accident de maşină, de exemplu. Există oameni care nu simt uneori durerea decât după desfăşurarea evenimentului. Putem observa acelaşi lucru dacă urmărim o emisiune despre natură, în care leul prinde o gazelă. Leul ţine gazela în colţi, iar victima devine complet calmă şi pare că nu simte niciun fel de durere când, de fapt, se află într-o stare de disociere faţă de evenimentul traumatizant. Acest lucru li se întâmplă oamenilor care au experimentat drame puternice, cum ar fi soldaţii de pe câmpul de luptă sau victimele violului.

După evenimentul dureros avem şansa să discutăm despre ceea ce s-a întâmplat şi să ne analizăm trăirile. În felul acesta, îi permitem memoriei să proceseze experienţa în partea ei conştientă şi astfel înlăturăm posibilitatea ca stocarea experienţei în creierul nostru să se facă catalogând-o drept una nerezolvată sau ca o amintire ascunsă. Să observăm cum atunci când avem o zi proastă sau am fost blocaţi în trafic, vorbim despre asta până uităm. Atunci evenimentul devine o amintire a trecutului. Într-o relaţie sănătoasă, partenerul pe care-l ai ar trebui să permită evenimentului să curgă din conştientul tău şi să te asculte fără a te judeca. Acest proces ne permite să ne împăcăm cu trecutul şi să-l lăsăm să rămână în trecut. În cazuri de traume mai grave, acelaşi lucru poate fi obţinut prin consiliere sau terapie.

Sentimentele dureroase sunt blocate în cutia memoriei ascunse a conştiinţei noastre. S-ar putea ivi situaţia în care să fie nevoie s-o deschidem din nou, dar cu multă grijă şi iubire pentru a o ajuta să se golească. Dacă nu avem curajul să facem acest lucru, viaţa ne va expune unui şoc, câteodată, pentru a deschide cutia. Când se întâmplă asta, mulţi oameni vor fugi de suferinţă şi, pur şi simplu, vor găsi altă cutie în care să stocheze amintirile dureroase. Variantele de cutie nouă cuprind noi relaţii, carieră sau schimbarea locuinţei — acestea sunt variante de înlocuire care inhibă din nou durerea.

Dacă ne rănim, în orice fel, sistemul nostru se grăbeşte să vindece rana, folosind mecanismele uimitoare şi naturale de dezvoltare celulară, numit factorul de creştere epidermal. În acelaşi mod, când suntem răniţi sau condiţionaţi emoţional, forţele de reprimare ne menţin calmi şi în siguranţă pentru a ne feri de sentimentul durerii şi pentru a ne asigura supravieţuirea. Din păcate, durerea este deja activată şi încearcă să ia legătura cu conştiinţa noastră pentru a se putea vindeca, în timp ce noi ne luptăm să o punem înapoi *în cutie*. Astfel, se creează, în mod natural, un conflict uriaş în conştiinţa noastră — soluţia încercării să ne vindecăm devine problema fugii de durere şi poate degenera într-un du-te-vino nesfârşit, care determină şi mai multă suferinţă.

Putem observa acest lucru, de exemplu, când vrem să ne apropiem de cineva, să simţim iubirea, dar, în acelaşi timp, ne este frică de pierdere şi de a fi abandonaţi în viitor. Rezultatul poate fi că ne retragem din relaţia de iubire fără să ne dorim acest lucru, sabotând relaţia înainte ca ea să înceapă. Inevitabil, acest comportament va servi doar la reîntărirea durerii originale a dorinţei de a fi iubit şi de apropiere, dinainte de a fugi.

Copii fiind, nu ne putem înţelege trăirile. Le-am preluat în sistemul nostru şi nu ne-a rămas decât să ne protejăm printr-o strategie de supravieţuire, pentru a evita o suferinţă pe care nu am fost capabili s-o înţelegem.

De fiecare dată când *Protectorul* ne previne că avem de-a face cu o provocare sau cu o situaţie stresantă, amintirile noastre ascunse rămân în inconştientul nostru fără a fi procesate. Astfel, aceste reacţii se învârt într-un cerc vicios şi este nevoie de o transformare extraordinară pentru a vedea ce se întâmplă cu noi în fiecare moment.

Conştiinţa umană năzuieşte să completeze ceea ce este incomplet

Pentru a ne vindeca, este nevoie ca memoria ascunsă (inconştientă) să fie disponibilă şi să facem legătura între emoţii şi experienţa care le-a cauzat iniţial. Memoria ascunsă este înmagazinată sub forma tiparelor de răspuns corporal şi este eliberată de stimuli externi. Cu ajutorul educaţiei sau al hipnoterapiei, este posibil să accesăm conştient memoria ascunsă, astfel încât creierul să poată înţelege şi să descopere sensul lucrurilor din timpul prezent.

Soluţionarea stărilor nerezolvate este cheia vindecării noastre. Dacă reuşim să înţelegem conştient ceea ce ni s-a întâmplat în trecut, retrăind şi aflând ce s-a întâmplat, într-o stare de siguranţă deplină, atunci putem elibera creierul de presiunea compulsivă a sentimentelor ascunse, pentru a ne încheia treburile neterminate.

O analogie ar fi să ne gândim la toate cărţile pe care le-am citit, în special la cele pe care nu le-am terminat, la care mai avem de citit ultimul capitol. Este mult mai uşor să ne amintim cărţile pe care nu le-am terminat decât pe cele citite integral. Să ne gândim la lucrul neterminat ca la un început pe care nu l-am dus la bun sfârşit, dar o vom face acum, când ne amintim mai uşor. Să ne gândim la o relaţie care s-a încheiat brusc, fără a ne lua rămas-bun. Este foarte posibil să ne fi gândit la ea în repetate rânduri pentru a înţelege *de ce,* mai mult decât ne vom gândi la o relaţie terminată de comun acord. La fel se întâmplă cu toate amintirile.

Creierul se va întoarce mereu la conexiunea originală. Chiar şi acum, când scriu această carte, dacă scriu o propoziţie care nu are sens, trebuie să mă întorc şi să o corectez. Dacă nu fac asta, probabil voi simţi că ceva nu este în regulă. Similar, dacă citim o pagină dintr-o carte şi nu o înţelegem, s-ar putea să nu mergem la următoarea până nu am înţeles-o pe cea curentă. Orice lucru trebuie să fie terminat.

Gândiţi-vă acum la un moment din viaţa voastră când ceva a rămas neterminat şi vă veţi da seama că acel lucru vă revine mereu în minte.

Conştiinţa umană se bazează pe încheiere şi se va strădui să repare tot ceea ce nu este complet. Din această cauză tiparele se tot repetă: ele sunt încercări de a completa, de a definitiva o experienţă, deci de a vindeca.

Dacă, prin urmare, creierul nu înţelege o situaţie dureroasă din trecut, reacţiile noastre de frică se vor repeta şi ne vor îndrepta spre aceeaşi trăire în mod repetat, pentru a găsi o soluţie.

Cuvântul-cheie este în acest context *trăire, simţire*. Dacă nu am simţit experienţa dureroasă şi nu am înţeles cele întâmplate, ne vom interzice să simţim durerea. Din păcate, ajungem să suferim mai mult, nu mai puţin. Este uşor să plecăm şi să fugim de durere, dar rezultatul este şi mai multă suferinţă.

Îmbrăţişaţi durerea cu compasiune şi iertare

Priviţi-vă şi simţiţi durerea cu compasiune, dar nu fără simţul datoriei de a o vindeca şi de a o simţi. Doar compasiunea poate scoate la suprafaţă suferinţa adâncă pe care am purtat-o singuri de-a lungul anilor. Ea are capacitatea de a transforma durerea într-un sentiment. Aşa cum corpul nostru are nevoie de hrană, tot astfel avem nevoie şi de iubire, atingere fizică şi îngrijire. Iubirea este conexiunea lipsă din legăturile noastre problematice cu oamenii care ar fi trebuit să ne iubească. Lipsa iubirii a devenit durere.

Putem reface conexiunea din nou dacă privim durerea cu iubire. Mare parte a suferinţei noastre este cauzată de lipsa iubirii. Un psihoterapeut valoros poate simţi nevoia de iubire a clienţilor săi.

Compasiunea ne ajută să nu mai fugim şi să începem să dăm drumul sentimentelor neexprimate şi blocate. E vorba despre refacerea legăturilor, prin realizarea conexiunii dintre senzaţiile fizice şi percepţiile noastre asupra lumii, stările noastre puternice de frică şi, în final, de impulsurile *Protectorului* nostru. Cu alte cuvinte, trebuie să aducem în conştient mecanismele de protecţie pe care le folosim pentru a evita durerea şi frica. Acceptându-ne mecanismele de protecţie, cum ar fi umorul, agresivitatea şi reţinerea, vom fi în stare să nu mai fugim şi să găsim rezolvarea.

Creierul ne poate spune unde ne doare, dar el nu poate simţi durerea. Creierul nu simte durerea şi atunci, dacă trăim evitând suferinţa, ne putem îmbolnăvi, iar acest lucru ne va forţa s-o simţim în final. Trebuie să lăsăm durerea să *existe*, în loc s-o blocăm. Dacă nu o îmbrăţişăm, ea va continua să existe, poate chiar până la următoarea generaţie. Frica se poate învinge trăind durerea, dar, cât timp evităm durerea, frica va continua să existe.

Până nu îmbrăţişăm suferinţa din trecut, ea nu va trece. Nici nu ne dăm seama de fapt cât de blocaţi suntem în închisoarea noastră invizibilă, prizonierii unui gardian numit *Protector*. Mai simplu spus, trebuie să ne urmăm sentimentele şi niciodată să nu dăm înapoi din faţa vieţii. Trebuie să ne folosim durerea şi suferinţa, pentru că ele ne fac fiinţe umane conştiente. Vedem copiii plângând instantaneu ca răspuns la durere, pentru că este natural şi vindecător. Poate că şi noi avem nevoie de un plâns sănătos. Unii dintre noi ne-am reprimat într-atât sentimentele, încât nu mai plângem niciodată. Aveţi compasiunea de a vă întâlni durerea, de a vă îmbrăţişa suferinţa, de a suporta insuportabilul şi de a vă alina durerea cu iubire.

E nevoie de multă iubire de sine pentru a avea curajul să simţi durerea şi starea de vulnerabilitate — fără să te ascunzi în spatele unui mecanism de supravieţuire. Cu cât încercăm mai mult să scăpăm de frică şi de suferinţă, cu atât mai mult suntem tentaţi să urmăm tot felul de învăţături, înţelepţi, terapii şi să dobândim idei inteligente. Cu cât încercăm mai mult să scăpăm, cu atât mai mult vom transforma frica în suferinţă.

De fapt, nu înţelegem că nu ne reprimăm durerea, ci reacţiile la trăirile dureroase din trecut. Putem observa că reacţia noastră la suferinţă se aseamănă cu reacţia faţă de multe alte lucruri care ne provoacă durere. Deseori, când avem o problemă, încercăm să găsim soluţia la nivel mental, dar nu încercăm să înţelegem cum vede mintea noastră problema respectivă.

A vindeca înseamnă a simţi

Vindecarea începe atunci când ne conectăm la senzaţiile care ne precedă reacţiile obişnuite. Datorită faptului că rolul *Protectorului* este să suprime durerea, trăirea ei permite reacţiilor blocate, care nu au putut fi eliberate la acel moment, să fie exprimate acum. În acest proces, putem deveni conştienţi şi de *Protectorul* care vine să oprească durerea prin distragerea atenţiei sau ocupându-se cu altceva doar pentru a evita sentimentul durerii. Vindecarea implică restabilirea conexiunilor prin corelarea senzaţiilor fizice şi a percepţiilor asupra lumii cu stările profunde de frică şi, în final, cu impulsurile *Protectorului* nostru. Cu alte cuvinte, trebuie să conştientizăm *sistemele de protecţie* pe care le folosim pentru a evita experienţele dureroase sau frica. Având în vedere că rolul acestora este să elimine durerea, trebuie să vedem dincolo de ele pentru a ne putea exprima sentimentele ascunse. Este nevoie să începem să deschidem poarta secretă spre inimile noastre. Când apare frica, ea însoţeşte atât bucuria, cât şi suferinţa. Este aceeaşi situaţie cu aversiunea care însoţeşte sentimentele negative. Nu frica este problema, ci felul în care o identificăm. Cu cât ne investigăm frica mai mult, cu atât ne va stăpâni mai puţin.

Faptul că ştim de existenţa amintirilor ascunse ne dă posibilitatea să ne vedem ca omul care suntem în prezent, nu cel care am fost în trecut.

Putem călători înapoi în timp să vedem copilul rănit şi să ne permitem retrăirea experienţei care ne-a afectat atât de puternic, ca apoi să începem să o înţelegem. Iubirea de sine ne va permite să trecem prin stările de frică determinate de experienţa trecută privind din perspectiva prezentă, astfel vom putea simţi acea experienţă fără frică. Trebuie să înţelegem ce a simţit în sinea lui copilul din noi atunci când nu cunoştea iubirea.

A fi iertători cu noi înşine înseamnă a ne deschide inimile şi a face loc pentru a îmbrăţişa durerea personală. Vom putea înţelege mult mai bine prin această deschidere, pe măsură ce inimile noastre ne vor permite să îmbrăţişăm fiecare situaţie aşa cum este. Vom deveni ca un părinte care, văzând defectele copilului său, le îmbrăţişează şi le acceptă fără pedeapsă sau critică.

Dacă reuşim să ne conştientizăm durerea fără regrete, vom avea deschiderea de a face legătura între adevărul trecutului nostru cu sentimentele noastre prezente, fără a avea nevoie de puneri în scenă sau dramatizări pentru a evita critica şi fără să ne preocupe că oamenii nu ne vor plăcea aşa cum suntem. Este mult mai uşor să facem legătura între experienţele dureroase din trecut şi comportamentul pe care îl avem, dacă suntem prezenţi şi conştienţi de faptul că trăim în prezent, *acum*. Apoi vom putea începe să acceptăm modul în care reacţionăm, pentru a ne contrazice intenţiile.

„Cea mai mare dificultate în a ne îmbunătăţi cunoaşterea de sine este să ne amintim diferenţa dintre reflexele inconştiente şi conştiinţa conştientă."

PETER D. OUSPENSKY (1878–1947), FILOSOF RUS

Majoritatea limitărilor noastre sunt rezultatul legăturilor memoriei noastre cu evenimente care s-au petrecut în primii ani de viaţă. În această etapă de existenţă nu eram conştienţi că învăţam, pentru că nu eram capabili să transformăm învăţătura în amintiri timpurii. Primele noastre reacţii la pericol erau cele ale unui copil în faţa situaţiilor dificile. Nu înţelegeam pericolul cum o face un adult şi, din această cauză, când reacţionăm ca adult cu o protecţie specifică unui copil, trebuie să avem răbdare şi iertare cu noi, deoarece am învăţat să reacţionăm aşa încă de când eram mici.

Acum învăţăm ceva nou şi nu trebuie să ne pedepsim pentru repetarea unui tipar vechi. Putem înţelege acest lucru mai bine dacă ne gândim la copilul care învaţă să meargă. El va cădea de multe ori înainte de a putea sta vertical şi de a face primii paşi, dar nu se pedepseşte pe el însuşi atunci când cade. Aşadar, să fim dispuşi să fim precum un copil când încercăm să vindecăm strategiile de protecţie care ne ajută — la urma urmei, am învăţat aceste strategii când eram mici.

„Durerea este inevitabilă, dar suferinţa este opţională."

TIM HANSEL (1941–2009),
YOU GOTTA KEEP DANCIN

Este nevoie de multă putere şi dedicare şi nu este uşor să ne privim pe noi înşine cu umilinţă. În mod paradoxal, o astfel de alegere, de a nu fugi de noi înşine, este puterea supremă pe care o avem asupra vieţii noastre. O astfel de putere nu se obţine niciodată cu forţa — doar prin umilinţă.

Nu vă priviţi fricile şi durerea, priviţi-vă doar pe voi înşivă cu o compasiune profundă. Astfel, veţi fi capabili să vă îmbrăţişaţi umanitatea şi să fiţi conştienţi de ceea ce sunteţi cu adevărat, cu condiţia să nu vă împotriviţi suferinţei care apare dacă vă ascundeţi de ea. Dacă nu faceţi acest lucru, veţi da putere realităţii suferinţei, până în momentul în care veţi putea îmbrăţişa suferinţa cu compasiune. Atunci veţi fi liberi.

Să ne gândim sentimentele sau să ne simţim gândirea

Nu simţim ceea ce ştim.

Mai devreme am vorbit despre conştiinţa de sine şi este important că acest tip de conştiinţă nu necesită niciun fel de efort. Efortul presupune lupta de a ne schimba şi nu este nevoie să schimbăm nimic. Primul pas este doar să ne adresăm conştiinţei şi să observăm ceea ce vedem. Unul dintre aspectele *Protectorului* este nevoia transformării, dar nu este nevoie să ne transformăm, să înţelegem sau să ne vindecăm. Schimbarea nu se poate instala prin forţă sau prin puterea gândului. Ea apare din înţelegerea fiecărui moment.

Schimbarea nu poate apărea doar prin gândire, deoarece avem de-a face cu amintiri emoţionale profunde, senzaţii fizice şi sentimente, împreună cu percepţii false. Emoţiile noastre sunt cheia, pentru că sunt singurul mod de a interacţiona într-o lume a relaţiilor şi sunt definitorii pentru noi, ca oameni. Dacă nu facem altceva decât să ne gândim la asta, este posibil să pierdem legătura cu realitatea acelor emoţii şi senzaţii şi am putea înlocui nevoile noastre cu idei, şi acesta ar putea fi un alt aspect al *Protectorului* nostru care ne permite să ne ascundem sentimentele vorbind despre ele.

Raţiunea va încerca să eticheteze sentimentele noastre drept mânie, iubire, dezgust şi aşa mai departe, dar niciun fel de analiză raţională nu va descoperi profunzimea sentimentelor noastre cauzate de experienţe dureroase, nerezolvate, din trecut. Concluziile raţionale pot fi o evadare din realitate. Pentru a schimba emoţiile, trebuie să le putem atinge, să le putem exprima, nu să le gândim.

Modul prin care ne eschivăm este etichetarea sentimentelor noastre, de exemplu spunând *sunt deprimat*. Imediat am pus o etichetă sentimentului. Termenul *depresie* a fost inventat de lumea vestică şi importat în Est atunci când companiile farmaceutice au vrut să se extindă. Observaţi ce faceţi când aveţi un sentiment. Majoritatea numim sentimentul drept iubire, plăcere, ură etc., dar etichetarea este un proces raţional care ne împiedică să vedem realitatea noastră şi care ne separă de sentimentele noastre. Cu alte cuvinte, eticheta se interpune între realitate şi noi.

Raţiunea încearcă să eticheteze ceea ce ni s-a întâmplat în trecut şi, drept urmare, pierdem capacitatea de a simţi acel sentiment. Dacă dăm trăirilor un nume, atunci va trebui să găsim o denumire pentru a ne schimba sentimentele. Încercăm să etichetăm ce simţim în legătură cu noi înşine şi să raţionalizăm acţiunile proprii prin cuvinte, dar cuvintele nu sunt niciodată echivalentul perfect a ceea ce denumesc. Cuvântul *iubire* nu este iubire. Cuvântul *predare* nu este predare. Cuvântul *acceptare* nu este acceptare. Cuvintele sunt doar încercări de a hrăni mintea, care caută cu disperare să înţeleagă.

Mulţi dintre noi ne petrecem viaţa educându-ne mintea pentru a ne găsi liniştea. Credem că inteligenţa ne face mai apţi de a coopera cu limitările noastre. Dar chiar acest lucru va ajunge, probabil, să ne blocheze emoţiile. Mintea nu are capacitatea de a simţi, aşa că ne petrecem viaţa încercând să ne conectăm cu sentimente reale, fără a le simţi cu adevărat.

Mintea ne convinge de lucruri precum *dacă fac bani, voi avea o viaţă mai fericită* sau *dacă meditez, voi avea pace* şi *dacă mă rog, atunci voi fi o persoană bună.* Dar, repet, acestea sunt doar cuvinte fără emoţii. Ele sunt, de fapt, simboluri ale unor lucruri, nu lucrurile propriu-zise.

Avem nevoie să ne predăm complexităţii vieţii. Dacă ne golim mintea şi încetăm să ne mai proiectăm tipare asupra lumii, vom crea un spaţiu care permite observaţiei interioare să ne prezinte mecanismele *Protectorului* nostru în fiecare moment. Asta înseamnă să luăm fiecare moment ca pe o oportunitate preţioasă de a ne ridica deasupra limitărilor proprii. Dacă încercăm să fim în armonie cu sentimentele noastre, ele se vor distanţa de noi.

Aşadar, călătoria dintre raţiune şi sentimentele pe care le-am trăit în trecut reprezintă podul pe care trebuie să-l traversăm pentru a ajunge la experienţele dureroase, nerezolvate şi pentru a nu mai avea acele reacţii la ele. Doar atunci vom începe să înţelegem ce ni s-a întâmplat în trecut şi să părăsim închisoarea amintirilor ascunse din inconştient. Apoi vom putea intra într-o nouă lume a explorării de sine şi vom putea vedea rolul pe care îl jucăm în lume ca fiind o mască. Atunci vom vedea frica din spatele măştii, durerea din spatele fricii şi, în final, adevăratul nostru eu va ieşi la suprafaţă. Nu este nevoie să-l căutăm, el se află mereu acolo.

În schimb, trebuie să ne apreciem mintea, pentru că, fără ea, nu am citi această carte care, la rândul ei, ne va ajuta să ne apreciem adevăratul eu, aflat dincolo de raţiune.

Capitolul 5
Nu avem niciun motiv să ne temem

Durerea şi frica sunt Protectorul *fără mască.*

Înfruntaţi-vă temerile

Să nu ne fie frică de durerea, mânia, frica noastră. Frica are dreptul de a fi în inima noastră, fiind o reacţie umană naturală. Când ne raportăm la frica noastră cu compasiune, emanăm o mare iubire şi grijă faţă de noi înşine. Când apare frica, trebuie s-o analizăm şi să ne întrebăm de ce anume ne este frică. Ne este frică de pierderea casei, familiei, reputaţiei, caracterului, banilor, sănătăţii? Putem permite fricii să se apropie mai mult de inima noastră, să ne rămână alături fără a o nega? Suntem dispuşi să o lăsăm să rămână acolo, să vedem despre ce este vorba?

Problema este că am fost încurajaţi să nu ne concentrăm pe frică, aşa că să încercăm să procedăm altfel. Când observăm că vrem să evităm frica, să ne amintim s-o înfruntăm.

Dacă privim teama cu atenţie, vom descoperi că nu ne este frică de nimeni, însă ne poate fi frică de durere, care este de fapt durerea psihologică derivată din multe experienţe din trecut. Din cauză că nu vrem să deranjăm durerea, frica rămâne prezentă. *Protectorul* are grijă să nu ne deranjăm temerile şi sentimentele dureroase. Dilema este că adevărata durere nu ne mai poate răni acum, deoarece aparţine trecutului şi deci nu mai există în prezent.

Dacă ne este frică, nu putem deveni conştienţi. Pentru a ne putea înfrunta frica, avem nevoie de hotărâre şi energie, care însă se disipează prin cuvinte şi concluzii. Ne petrecem viaţa în slujba fricii şi orice decizie luată se bazează pe frică, până şi speranţa. Teama este imboldul de a căuta ceea ce ne lipseşte şi niciodată nu ne uităm dincolo de ea, pentru că ne consumăm energia încercând să scăpăm de frică, prin reprimare şi negare.

Conştiinţa de sine generează dorinţa de a opri astfel de încercări nereuşite şi ni se alătură în încercarea de a ne observa şi de a ne controla temerile. La rândul său, acest proces va determina o revelaţie care ne poate purta dincolo de frică şi durere, într-un loc care nu este atins de trecut, într-o stare de conştiinţă de sine şi existenţă în prezent. Dacă spunem *trebuie să mă eliberez de această frică*, nu facem decât să-i dăm şi mai multă putere, în timp ce, dacă spunem *voi privi această frică în ochi*, acest lucru va aduce transformarea.

În orice caz, să fim conştienţi că *Protectorul* mai are un as în mânecă atunci când spunem *da, îmi voi înfrunta frica.* Dacă doar vorbim despre asta sau citim o carte despre înfruntarea temerilor noastre, dar nu le şi simţim, atunci manifestăm o altă formă de reprimare a lor, folosind teorii pentru a găsi cauza. Mintea căreia îi este frică de suferinţă nu poate elimina teama, dar este capabilă să găsească alte metode de a scăpa de această sarcină şi, astfel, va rămâne sclava fricii. Teama este produsul trecutului şi continuă să trăiască şi în prezent prin verbalizare, simboluri şi imagini. Analiza fricii îi oferă acesteia mai multă putere şi, astfel, riscăm să intrăm într-un cerc vicios unde ne temem de frica de a ne fi frică de ceea ce credem că ne provoacă!

Teama va găsi mereu ceva de care să îi fie frică, dar nu obiectul fricii este problema, ci subiectul. Dacă ne este frică, ne vom comporta temător şi vom crea mai multă spaimă. Dacă mergem spre ea şi o înfruntăm, putem descoperi că nu mai există. Cei curajoşi păşesc spre teama lor şi nu fug din calea ei. Dacă exersăm acest lucru, va veni un moment în vieţile noastre când nu vom mai încerca să scăpăm de durere şi suferinţă şi doar atunci vom reuşi să vedem dincolo de acestea, pentru că ne vom da seama că frica nu a ajuns niciodată la esenţa fiinţei noastre. Din acel moment, putem învăţa foarte multe lucruri despre noi înşine şi putem începe să ne găsim adevăratul eu. O astfel de abordare a fricii dă curaj minţii şi îi permite să se odihnească acolo unde există iertare, şi nu în eschivare sau evadare din realitate.

„Curajul este frica ce fuge în direcţia corectă."

PATRICK WHITE (1912–1990),

ROMANCIER AUSTRALIAN

Frica este încercarea de a folosi imaginaţia pentru a schimba realitatea

Dacă ne deschidem faţă de frica noastră, putem avea sentimentul de teamă, fără nevoia de a fugi şi fără nevoia de a spune cât de frică ne este, de fapt. Pur şi simplu, simţim frica aşa cum este. Nu vorbesc de frica fizică, întrucât reacţia de tip luptă-sau-fugi este naturală şi proprie organismului uman. Eu vorbesc de frica psihologică. Atunci când o întâlnim descoperim emoţii mai adânci. Dacă tratăm durerea ca pe o suferinţă, vom găsi o cale de a nu mai căuta cauzele ei. Libertatea va veni de la sine după ce ne luăm faţă de noi înşine angajamentul de a fi liberi.

Ne este teamă de frica noastră şi de pierderea controlului. Cu cât ne abordăm limitările mai împăcaţi, mai calmi şi mai liniştiţi, cu atât vom fi mai capabili să ne auzim adevăratul eu şi să ne adaptăm la condiţiile exterioare. Putem trăi în acord cu esenţa fiinţei noastre dacă alegem să nu mai negăm nimic şi să avem curajul de a înfrunta realitatea faptului că poate nu am fost iubiţi îndeajuns când eram copii sau am suferit experienţe neplăcute la o vârstă la care nu le-am putut înţelege. Poate am fost lăudaţi doar pentru succesele noastre, şi nu pentru cine eram noi. Apoi putem începe să înţelegem modul în care, mai târziu în viaţă, am făcut multe sacrificii pentru a primi iubire. Unii oameni muncesc din greu pentru a avea senzaţia că sunt iubiţi: unii încearcă prea mult fiind prea buni, unii încearcă să câştige dragoste făcând multe compromisuri, iar alţii, făcându-şi singuri rău.

Aceste sacrificii au fost încercările eşuate ale *Protectorului* nostru de a căuta iubire muncind mult pentru atingerea imposibilului. Acest lucru ne ajută să ne dăm seama că aceasta este o transformare în sine, apoi putem începe să trăim din adâncul fiinţei noastre şi să ne simţim iubiţi pentru ce suntem. În felul acesta, vom descoperi până unde am mers cu strategiile noastre şi faptul că *nu putem avea îndeajuns din ceea ce nu ne trebuie cu adevărat.* De asemenea, vom înceta să căutăm, pentru că nu ne-am eliberat de lupta noastră; când nu mai luptăm pentru a primi iubire, vom fi iubiţi.

„Când eşti plin de amărăciune, priveşte din nou
în inima ta şi vei vedea că, de fapt, plângi după
ceea ce îţi aducea bucurie."

KHALIL GIBRAN

Respingerea durerii înseamnă suferinţă

Pentru a trece peste durere, trebuie să facem o călătorie, să mergem înapoi la sentimentele noastre timpurii, netrăite. Faptul că ne opunem, acţiune care reprezintă baza de acţiune a *Protectorului* nostru, ne provoacă suferinţă mentală, determinând inhibarea durerii. Reacţia protectoare automată de a supravieţui durerii este atât de rapidă, încât nu suntem capabili să simţim sau să înţelegem ceva din sentimentele noastre.

Încercarea inconştientă de a fugi de durere ne leagă, în mod misterios, de ceea ce ne este frică şi detestăm. Aceasta este o energie care atrage situaţii similare cu exact ceea ce încercăm să evităm sau de care ne temem. În consecinţă, vom fi expuşi la experienţe dureroase asemănătoare în diferite alte forme şi la repetarea reacţiilor de reprimare, care duc doar la accentuarea durerii şi suferinţei.

Din punctul de vedere al creierului, împotrivirea stă în gândurile noastre stocate în memoria ascunsă şi generează energie prin interacţiunile noastre cu mediul înconjurător şi relaţiile interpersonale. Această vibraţie energetică se potriveşte cu alte vibraţii ale unor forţe similare, deci nu atragem ceea ce ne dorim, atragem ceea ce gândim şi vrem să evităm, pentru că ele sunt cele mai puternice în gândurile noastre. Noi suntem făuritorii realităţii noastre, chiar şi a realităţii pe care nu ne-o dorim.

„Frica se naşte când are loc eschivarea, fuga; atunci, eschivarea însăşi înseamnă frică."

JIDDU KRISHNAMURTI (1895-1986),
SCRIITOR ŞI FILOSOF

Mare parte din activitatea *Protectorului* este condiţionată să respingă, să nege sau să amorţească suferinţa şi durerea, pentru că sunt dificil de înfruntat. Trebuie să fim foarte atenţi la metodele *Protectorului* de evitare a durerii. Trebuie să recunoaştem şi să explorăm orice apare, fără să fugim. Repet, fuga doar reîntăreşte ceva care a existat doar în trecut, de fapt. Noi suntem condiţionaţi să căutăm doar emoţii pozitive şi să fugim de cele negative. Fuga de ceea ce este neplăcut oferă putere acestui sentiment şi îl aduce şi mai mult în calea noastră. Fuga foloseşte aceeaşi strategie aplicată pentru protecţie în trecut. Din păcate, dorinţa de fugă întăreşte *Protectorul* şi, atâta timp cât rănile nu sunt simţite, frica va rămâne. Una dintre metodele profesioniste pe care le folosim este să vorbim despre durerea noastră sau despre cum trecutul ne-a cauzat durere, dar fără a simţi durerea. În mod ironic, a vorbi despre durere este doar o altă strategie a *Protectorului* de a o evita. Astfel încercăm să rezolvăm problemele greşite şi asemenea probleme nu au soluţie, pentru că nu rezonăm cu ele. Suntem condamnaţi să fugim şi să ne ferim de ele.

Am fost instruiţi să evităm mânia, durerea şi frica înainte de a avea ocazia să le simţim.

Acceptaţi-l pe scriitorul, actorul, regizorul şi producătorul poveştii vieţii voastre

Chiar şi nararea unei poveşti ne va face să încercăm să scăpăm de experienţele noi, dureroase, pentru a ne distrage atenţia de la înfruntarea sentimentelor neplăcute adiacente. De exemplu, uneori, poate într-o discuţie cu o altă persoană, începem să ne simţim incomod şi ne aşteptăm să fim respinşi fără a cunoaşte cauza. Avem această stare pentru că toate procesele de a face faţă fricii noastre lucrează în plan subliminal, dincolo de starea noastră conştientă. Poate nu ştim că motivul pentru care ne simţim neliniştiţi este faptul că simţurile noastre sunt eclipsate de un pericol perceput — un pericol pentru care suntem deja condiţionaţi. Trebuie să conectăm experienţa primară de condiţionare a modelului mental — emoţiile, percepţiile, comportamentele şi, cel mai important, senzaţiile fizice — şi să simţim. Vindecarea începe când ne conectăm la senzaţiile care preced reacţia obişnuită la frică.

Toate acestea sunt mănunchiuri de amintiri ascunse legate între ele. Povestea noastră şi conştiinţa de sine sunt create şi întreţinute atât de amintirile ascunse (inconştiente), cât şi de ceea ce ne reamintim (conştient) împreună, dar ele nu sunt noi. Ele sunt amintiri cu care construim o realitate falsă.

Ceea ce gândim despre personalitatea noastră nu este real, este doar ideea sau imaginea pe care o avem despre noi înşine. La rândul lor, aceste idei şi imagini influenţează ceea ce simţim şi gândim despre noi şi cum percepem ce simt şi gândesc alţi oameni despre ceea ce ne-au spus familia şi prietenii. Imaginile pe care le avem despre noi nu reprezintă ceea ce suntem cu adevărat. De fapt, aceste percepţii susţin povestea despre ceea ce credem că suntem; nu avem o viaţă, avem o poveste despre viaţa noastră, iar povestea nu este reală. Să observăm scenariul; va deveni un proces de conştientizare a faptului că, în realitate, nu există nicio poveste. Poate abia atunci vom avea o viaţă.

„Nimeni nu te poate face să te simţi inferior fără acordul tău."

ELEANOR ROOSEVELT (1884-1962),
PRIMA-DOAMNĂ A STATELOR UNITE, 1933-1945

Trebuie să conştientizăm că metodele ascunse de apărare ale *Protectorului* nostru şi reacţiile la experienţele din trecut au multe forme şi expresii, asemenea actorilor dintr-o piesă. Însă aceasta este însăşi piesa vieţii. Unele părţi sunt ca o comedie, în timp ce altele se apropie de o tragedie, dar toate par aproape reale. Pe parcursul actelor, nu suntem conştienţi de reacţiile noastre. Şi nu doar atât, mergem mai departe şi suntem într-o completă negare a consecinţelor reacţiilor noastre şi a efectelor lor asupra lumii din jur, pentru că nu suntem conştienţi că avem aceste reacţii în timp ce le avem.

Este nevoie de multă iubire de sine şi faţă de ceilalţi pentru a conştientiza că negarea este un pas spre vindecare. Dacă judecăm oamenii pentru negarea lor, acest fapt devine şi negarea noastră. Protecţiile noastre sunt ca un act scris de un autor secret, regizate de un regizor secret şi realizate de un producător secret care aduce toate elementele la un loc, alcătuind o piesă care se numeşte *viaţă.* Trebuie să apreciem cum copilul din noi a inventat, în mod inocent, o modalitate de a trăi într-o lume de adulţi, având în vedere că i-a perceput pe cei mari ca fiind implicaţi într-o mare dramă. Copiii au inventat această dramă, transpunând-o în piesa lor pentru a putea trăi.

De exemplu, când eram foarte mic, petreceam mult timp jucându-mă cu maşinuţe şi soldăţei, inventând poveşti despre ei şi despre felul în care supravieţuiau. Am inventat multe personaje care comunicau şi interacţionau între ele. Bineînţeles, mulţi copii fac acest lucru. Era modul meu de a-mi ocupa timpul şi de a evita să mă simt singur, sentiment generat de lipsa contactului cu părinţii mei sau cu alţi oameni. Ceea ce nu înţelegeam atunci era că împreună cu mine aceste personaje făceau repetiţie pentru multe roluri pe care aveam să le joc mai târziu în viaţă. Toată această joacă de-a teatrul era reacţia mea copilărească, naivă pentru supravieţuire faţă de frica de a nu fi iubit şi îngrijit de familia mea. Era o lume imaginară cu mulţi oameni care interacţionau şi compensau lipsa interacţiunilor din jurul meu. Scriam un scenariu pentru rolul pe care l-am construit în minte. Când am mai crescut, în mod inevitabil, relaţiile, cariera şi situaţiile diverse se manifestau în viaţa mea urmând scenariul exact aşa cum l-am planificat eu, cu mult timp în urmă. Am ales o carieră care implica schimbarea socială, terapia şi reunirea multor oameni pentru ca ei să nu rămână singuri ca mine. Amintirile ascunse ale reacţiilor mele la singurătate m-au făcut să fiu permanent în acţiune şi să am o viaţă aglomerată, compensând izolarea aşa cum am ştiut eu mai bine.

Puterea protecţiei noastre ne poate aduce şi succes — dacă suntem conştienţi de modul în care limitările pot să ne aducă succes —, aşa că de ce să ne blamăm trecutul şi darul pe care ni-l aduce, indiferent cât de greu a fost? Trecutul este un dar dacă îţi accepţi călătoria.

Dar, dacă înţelegerea şi acceptarea pieselor pe care le-am creat, ca reacţie la primele evenimente din vieţile noastre, sunt atât de importante, cum pot eu să produc schimbarea fără a încerca să mă schimb, care este un alt nivel de protecţie?

Răspunsul la această întrebare constă în puterea magică a observaţiei. Ea poate avea efecte foarte puternice. Cercetările au arătat că actul observării poate modifica ceea ce este analizat. Ne putem schimba experienţa realităţii pur şi simplu cu ajutorul observaţiilor profunde. De fapt, observarea cu iubire a durerii şi a rănilor adânci va schimba durerea şi frica în iubire.

Observând interacţiunile mele zilnice cu alţii şi alegerile din viaţă, toate cele scrise mai sus mi s-au dezvăluit prin cultivarea iubirii din inimă pentru mine şi onorarea călătoriei mele în această viaţă. Reflectarea şi observarea profundă ne învaţă cum să simţim şi să apreciem ce înseamnă să fii om — un om cu toate imperfecţiunile lui.

Să nu căutăm şi să nu dorim perfecţiunea. Să ne privim viaţa de acum cu compasiune adâncă faţă de ceilalţi şi faţă de noi.

Dorinţa de perfecţiune poate fi un alt rol pe care îl jucăm, dar rolul persoanei *bune* este doar un rol. Să ne deschidem inima şi să ne îmbrăţişăm umanitatea cu răbdare şi compasiune pentru adultul şi copilul care eram cândva.

Procesul *Essence* reprezintă vizualizarea modului în care se desfăşoară viaţa când alegem compasiunea pentru noi şi alţi oameni din trecutul nostru. Munca cu noi înşine este susţinută de iertarea manifestată faţă de toate reacţiile şi strategiile rezultate din nenumăratele încercări de a găsi o soluţie, un tratament pentru experienţele dureroase, insuportabile — care au dus la alegeri nefericite în viaţa de adult. Toate compromisurile dureroase pe care le-am făcut, modul în care, uneori, ne-am mulţumit cu mai puţin şi, bineînţeles, am şi primit mai puţin, modul în care, uneori, am renunţat la fericire în favoarea altora pentru ca ei să ne iubească. Toate acestea sunt aspecte ale *Protectorului.* Practic, asemenea alegeri au fost bune şi de ajutor pentru a supravieţui la momentul respectiv, iar *Protectorul* nostru a fost creat pentru a ne susţine şi a ne ajuta să simţim iubirea la care suntem îndreptăţiţi, dar pe care poate nu am primit-o. Chiar şi acum,

Protectorul încă încearcă să ne ofere soluţii copilăreşti pentru a primi iubire şi pentru a evita pericolul lipsei iubirii.

„Viaţa neanalizată nu merită trăită."

SOCRATE (CCA 469-399 Î.HR.),

FILOSOF GREC

În procesul descoperirii amintirilor noastre ascunse şi găsirea esenţei fiinţei noastre am început cu reflecţia asupra încercărilor noastre copilăreşti de a ne alina durerea şi stările conflictuale văzute în familie. Trebuie să examinăm toate aceste încercări care ne-au ţinut ocupaţi pentru multă vreme, mai ales că unii dintre noi au jucat aceste roluri în mod repetat, cu o precizie surprinzătoare, într-o dramă pe care nu am putut-o controla niciodată. Mulţi dintre noi sunt copleşiţi de multitudinea de relaţii în care simţim nevoia să fim singuri, în timp ce dorim cu disperare să fim cu cineva şi să fim iubiţi. Pentru unii, actorul din noi a reuşit să joace în continuare rolul în care este singur cu atât de mulţi oameni în jurul scenei. Chiar şi atunci când piesa s-a terminat şi publicul a plecat, mulţi oameni nu-şi dau seama că sunt în siguranţă, deoarece actorul loial şi profesionist nu se poate opri din jucat rolul atât de des repetat în piesa ascunsă a vieţii.

„Lumea-ntreagă e o scenă şi toţi oamenii-s doar actori"

WILLIAM SHAKESPEARE (1564-1616),

CUM VĂ PLACE

Călătoria spre esenţa a ceea ce suntem cu adevărat începe cu acceptarea totală a noastră aşa cum suntem — exact aşa cum suntem. Această acceptare include observarea şi îmbrăţişarea actorului din noi, aşa cum am face cu orice alt actor profesionist de teatru. Marea provocare este să lucrăm cu noi înşine în aşa fel încât să vedem, până la urmă, că actorul din noi *poate fi în siguranţă şi dacă nu îşi joacă rolul.*

> *„Totul se schimbă după ce ne identificăm cu martorul poveştii, şi nu cu actorul din ea."*
>
> RAM DASS

Analizaţi rolul *Protectorului* cu iubire. Îl putem observa doar dacă suntem atenţi la toate reacţiile provenite din dorinţa disperată de a fi iubit şi pentru a evita durerea. Este o călătorie foarte dificilă aceea în care doar ne privim pentru a vedea cum reacţionăm la lumea din jur, la viaţă, oameni şi situaţii, fiind doar *martori*, şi nu ca *persoane care încearcă să rezolve ceva.*

Adevărata libertate poate veni din capitularea bazată pe curaj, şi nu din răzvrătirea bazată pe frică.

Exerciţiu pentru cititor

Închideţi ochii.

Mergeţi înapoi în timp şi gândiţi-vă la o situaţie dureroasă din trecut.

Amintiţi-vă ce s-a întâmplat.

Cu cât timp în urmă s-a petrecut această situaţie?

Câti ani aveaţi?

Încercaţi să vă amintiţi cât mai multe lucruri despre fiecare persoană implicată.

Faceţi o pauză.

Reflectaţi adânc asupra efectelor pe care acele experienţe le-au avut asupra voastră, fără să le judecaţi sau să fugiţi de ele.

Observaţi-vă corpul pentru a simţi orice durere din orice parte a corpului care păstrează amintirea acestui trecut.

Observaţi temerile pe care le-aţi păstrat.

Ce concluzii aţi tras sau ce decizii aţi luat în ceea ce vă priveşte ca urmare a acestei situaţii?

Credeaţi că era ceva în neregulă cu voi?

Credeaţi că nu meritaţi să fiţi iubiţi?

Ce presupuneri aţi făcut în legătură cu voi?

Ce impact au acele concluzii şi presupuneri asupra vieţii voastre de astăzi?

Cum să înţelegem lumea din jur

Făcând acest exerciţiu şi reflectând asupra experienţelor care au creat *Protectorul*, nu încercaţi să înţelegeţi limitările prin raţionalizarea acţiunilor voastre şi folosirea cuvintelor pentru a exprima realităţile dureroase din trecut. Viaţa este o experienţă, dar ideile nu pot opri sentimentele, pentru că ne reprimă răspunsurile instinctive. Dacă spuneţi *am găsit calea*, poate însemna că aţi pierdut, de fapt, calea spre vindecare.

Transformarea este posibilă doar dinspre cunoscut către necunoscut, nu invers. A nu şti nimic înseamnă a fi în momentul prezent. Abandonarea cunoştinţelor despre cauză nu vă schimbă comportamentul. Fiţi dispuşi să suportaţi consecinţele fără a şti care vor fi acestea. Acţionaţi din inimă şi asumaţi-vă consecinţele.

Măreţia nu vine întotdeauna când toate lucrurile merg bine, ci şi atunci când suntem supuşi unui test cu dezamăgiri şi tristeţe. Doar după ce am fost în cea mai adâncă vale, vom afla cât de minunat este să fii pe cei mai înalţi munţi.

Conştiinţă de sine fără a avea de ales

Trebuie să-i permitem conştientului să trăiască cu ceea ce ni s-a întâmplat în trecut. Putem face asta fiind atenţi la fricile şi anxietăţile noastre, în loc să le evităm. Îmi voi spune că mi-e frică sau că sunt anxios, fără a mă judeca, ci cu curiozitate, până devin conştient de frica mea inconştientă şi încep să înţeleg exact motivul pentru care îmi este teamă şi de ce. Din acest loc, putem apoi să transferăm experienţe inconştiente din trecut, în memorie, unde putem începe să descriem conştient ce ni s-a întâmplat, din inimă, conform sentimentelor şi percepţiilor noastre, şi nu conform unor metode sau idei raţionale. Nu avem nevoie de nicio metodă pentru a putea face asta. Să ne analizăm doar frica şi anxietatea şi ele ne vor semnala sentimentele adevărate. În momentul acesta este important să fim nemişcaţi şi liniştiţi, să nu reacţionăm ucigând mesagerul. În linişte şi nemişcaţi, să observăm ceea ce ni se dezvăluie.

Fiţi dispuşi să mergeţi în cele mai neplăcute locuri din apele întunecate ale inconştientului, unde sunt închise experienţele ascunse, dificile. Poate aceste amintiri nici nu sunt atât de întunecate. Permiteţi-vă să reflectaţi profund asupra efectelor pe care acele experienţe le-au avut asupra voastră, fără a judeca sau a fugi şi faceţi cât mai multe conexiuni posibile. Aceste legături şi revelaţii ne vor ajuta să începem să ne înţelegem amintirile.

Revelaţiile nu pot fi scrise sau vorbite, dar trebuie să se desfăşoare lent, pe măsură ce sunteţi ghidaţi de înţelegerea modului în care viaţa voastră a fost afectată de experienţele ascunse şi dureroase. Aceste revelaţii sunt tot ce avem nevoie pentru a ne înţelege viaţa şi doar noi putem face asta pentru noi. Doar atunci când ne înţelegem vom găsi adevărul şi, în consecinţă, ne vom elibera de trecut şi vom păşi dincolo de mişcarea veche a timpului, în cea nouă. Creierul nostru poate înţelege şi poate fi conştient de fiecare dintre sentimentele noastre profunde. Părţile noastre inconştiente nu pot fi modificate cu forţa, dar putem deveni conştienţi şi sensibili faţă de ele. Odată ce trăim conştient, vom face viaţa să funcţioneze, pentru că nu avem nevoie să ni se spună cum sau să învăţăm altceva pentru a ne vindeca. Vom fi liberi.

Nemişcare

Trebuie să avem grijă şi să nu ne străduim să stăm nemişcaţi. Dacă încercăm să facem asta, nu reuşim. Însă, dacă observăm imposibilitatea noastră de a sta nemişcaţi, automat vom deveni, în mod firesc, nemişcaţi. Când stăm nemişcaţi, intrăm în contact cu adevăratul eu, cu mintea conştientă din interior. Trebuie să căutăm mai adânc în noi şi să ne observăm gândurile, pentru a putea urmări efectele lor asupra noastră şi a altora. Trăind atent fiecare eveniment din viaţa noastră, vom descoperi lucruri despre noi. Când avem intenţia de a afla întregul proces al vieţii noastre şi reacţiile pe care le avem faţă de acesta, atunci fiecare incident şi fiecare reacţie devin un mijloc de a ne dezvălui, de a ne cunoaşte pe noi înşine. Această observaţie făcută cu răbdare se va putea, apoi, face fără efort.

Poţi controla orice făcând mai puţin. Dacă ai apă într-un recipient şi apa se mişcă de colo-colo, iar tu vrei să fie liniştită, e mai bine să stai deoparte şi doar să observi. Observaţia ta calmă va influenţa apa. Însă, dacă intervii şi încerci să induci calmul cu forţa, atunci o vei face să se agite şi mai mult. Asemenea apei în continuă mişcare, *Protectorul* se adaptează foarte bine la o lume schimbătoare, la inconsecvenţe şi oameni, pentru a supravieţui. Cea mai bună metodă de a deveni conştient este să observi *Protectorul* fără a interveni.

Cu mintea liniştită, vei putea observa conversaţiile interioare, modul în care reacţionezi la viaţă şi rolul pe care îl joci. Dacă oamenii reacţionează faţă de tine sau te tratează într-un anumit fel, poţi observa cum reacţionează *Protectorul* tău faţă de ei în acelaşi timp în care reacţionezi şi tu, poţi face, apoi, o altă alegere.

„Învaţă să observi cum se desfăşoară piesa de teatru în care joci, fiind conştient de faptul că eşti mai mult decât ea.“

RAM DASS

Să începem permiţând unui martor să pătrundă în interiorul nostru. Să alegem să privim spectacolul, în loc să jucăm în el. Observă piesa de teatru, pe măsură ce este jucată, şi fii martorul durerii şi al fricii — orice durere cauzată de respingere sau singurătate. Observă-le aşa cum sunt, ca şi cum tu ai fi sub observaţie, dar fără să te simţi separat de tine însuţi. Vei observa că se joacă ceea ce este o traducere a modului în care vezi viaţa. Acest lucru va aduce multă cunoaştere de sine fără prea mult efort. Doar atunci vei fi liber. Însă, dacă există frică şi anxietate în legătură cu ce s-a întâmplat în trecut şi cu ce s-ar putea întâmpla mai departe, vom descoperi că iubirea de sine şi libertatea sunt evazive.

„Cunoaşterea nu este suficientă, trebuie pusă în aplicare. Dorinţa nu este suficientă, trebuie să acţionăm.“

JOHANN WOLFGANG VON GOETHE
(1749-1832) - SCRIITOR GERMAN ŞI PERSONALITATE ENCICLOPEDICĂ

Capitolul 6
Îmbrăţişaţi noi experienţe de viaţă

Experienţele de viaţă au efecte de lungă durată asupra noastră doar dacă sunt stocate ca amintiri sub forma conexiunilor cerebrale.

Procesul trăirii autentice

Procesul trăirii autentice funcţionează pe două dimensiuni: una este un proces experienţial care permite oamenilor să intre în situaţii adevărate din viaţă care provoacă reacţii asemenea celor din viaţa reală (comportamentul nostru de apărare) şi pot descoperi amintiri ascunse din trecut. Astfel începem un proces de învăţare prin care aflăm că este posibil să ne simţim în siguranţă într-o situaţie ameninţătoare, spre deosebire de trecut, când nu ne-am simţit protejaţi. Acest lucru se poate face şi prin tehnici de ghidare a imaginaţiei, care le permit participanţilor să-şi amintească situaţii dificile din trecut într-un mod disociat, fără a deveni agitaţi. Aceste experienţe lipsite de ameninţare transformă tiparele memoriei şi le încheie. Cursurile se desfăşoară într-un mediu extrem de sigur şi plin de iubire, ceea ce ajută la facilitarea unui proces prin care oamenii îşi permit să *se elibereze* de toate tehnicile de apărare şi să fie ei înşişi. Totul se desfăşoară într-un mediu cu interacţiuni permanente între mulţi oameni pentru a reflecta asupra vieţii zilnice.

A doua dimensiune constă în experienţe de învăţare oferite astfel încât să determine modificări la nivelul conexiunilor neurologice. Oamenii sunt capabili să descopere şi singuri strategiile care îi susţin şi care nu. Pentru a fi mai eficienţi, trebuie să ne dăm seama care sunt cele care nu ne susţin şi să adăugăm altele care chiar funcţionează, trecând prin experienţe noi. Datorită faptului că programele din creierul nostru au fost construite de experienţe din trecut, trebuie să acumulăm noi experienţe pentru a crea programe noi de susţinere.

Experienţele noi creează programe noi. Dacă le exersăm în mod repetat, la un moment dat, le vor înlocui pe cele vechi, fără succes, din inconştientul nostru.

Experienţa se întinde dincolo de puterea cuvintelor.

Am explorat prima dimensiune din perspectiva procesului experienţial. Să vorbim acum despre experienţa de învăţare care poate induce schimbări la nivelul conexiunilor neurologice. Voi folosi o metaforă foarte simplă şi puternică. Se pune mult accent pe respiraţie în timpul meditaţiei şi în multe tradiţii orientale, respiraţie care ne oferă un instrument de transformare uimitor.

Putem doar să inspirăm, apoi să facem o pauză şi apoi să expirăm. Nu putem expira şi inspira simultan şi nici fără pauză. Aceasta este o metaforă foarte bună pentru modul în care putem fi liberi. Fiecare inspiraţie este o oportunitate de a ne permite să învăţăm să primim şi să oferim, dar şi să lăsăm lucrurile aşa cum sunt.

Învaţă să primeşti, să oferi şi să laşi totul aşa cum este

Când inspirăm, *lăsăm* aerul *să intre* pentru a ne susţine viaţa. Asta înseamnă să permitem. Momentul dintre inspiraţie şi expiraţie este cel în care *lăsăm* toate lucrurile aşa cum sunt. Asta înseamnă pur şi simplu să fii. Apoi expirăm şi ne eliberăm. Este ca şi cum mai întâi renunţăm la viaţă (îi dăm drumul), apoi facem o pauză şi lăsăm viaţa să *revină*. Următorul ciclu este din nou pauza dintre *inspiraţie* şi *expiraţie*. Această pauză mică este un gol. La fel facem şi când mergem, învăţăm, ne asumăm riscuri sau încercăm lucruri noi, dăm drumul la ceea ce ştim, la lucrurile în care credem şi aşteptăm, permiţând astfel unor lucruri noi să pătrundă în vieţile noastre.

A lăsa totul să plece, a lăsa totul să fie, a lăsa totul să vină, acesta este secretul unei vieţi bogate şi inspirate.

Cuvântul *a lăsa* este unul dintre cele mai folositoare şi reprezintă cheia pentru a face schimbări pozitive în vieţile noastre. El are multe dimensiuni, cum ar fi *a lăsa aşa cum e*, *a lăsa să plece* şi *a lăsa să vină*. Permite acestor trei instrucţiuni să te ghideze spre a crea noi experienţe şi deci noi credinţe şi noi comportamente, toate rezultând într-o nouă realitate care se potriveşte cu intenţiile tale. Să începem cu începutul.

Permiteţi adevărului din trecutul vostru să pătrundă în inimă cu toate trăirile dureroase. Ele au fost mereu acolo, dar fără acordul vostru conştient, aşa că nu fugiţi de durere. Dacă vă apucă o durere de cap în timp ce faceţi asta, trebuie să înţelegeţi că o durere de cap nu vine la pachet şi cu o pastilă pentru durere şi nici nu înseamnă că, bunăoară, creierul duce lipsă de aspirină. Creierul experimentează trăiri emoţionale profunde care trebuie *lăsate să intre* în conştientul tău şi simţite. Dacă cineva v-a rănit, lăsaţi durerea să intre. Permiteţi experienţei respective *să intre*, iar ea vă va permite să lăsaţi să pătrundă şi înţelegerea a cum *să fii* (lasă să fie) şi apoi *să lăsaţi* durerea *să plece*. Este un proces natural al corpului să simtă şi să lase sentimentele să existe, apoi să le lase să plece. Aceste sentimente au nevoie să fie simţite şi conştientizate, să le fie permis să existe şi să plece spre vindecare, aşa cum respirăm.

Lasă să intre

Schimbă-ţi experienţele asumându-ţi riscuri şi cerând tot ceea ce vrei să primeşti. Lasă să intre ceea ce vrei să primeşti cerând acel lucru. Dacă ceri, există o şansă de 50% să primeşti, dar dacă nu ceri, există 100% şanse să nu primeşti. Primind, experimentezi şi mai mult starea în care îţi permiţi să fii iubit.

Consideră că fiecare respiraţie este un mod de a-ţi aminti cum te simţi atunci când primeşti. Gândeşte-te la un moment în care cineva îţi oferea ceva şi o parte din tine nu voia să primească lucrul respectiv. Este ca şi cum te-ai priva de inspiraţie, deci de viaţa în sine.

În copilărie, eram complet dependenţi de alţi oameni pentru supravieţuire şi primeam de la ei ceva non-stop. În acea primă experienţă ni s-a oferit totul. Pe măsură ce am crescut, am început să învăţăm să fim independenţi şi am învăţat să nu mai primim. Actul de a primi începe cu părinţii noştri şi nu este vorba doar despre a primi lucruri materiale. Baza actului de a primi este emoţională şi, pe măsură ce copiii cresc, ei au nevoie de susţinerea părinţilor, să-i ajute să-şi înţeleagă experienţele prin care trec. Ei au nevoie de ajutor pentru a învăţa cum să-şi gestioneze sentimentele şi cum să-şi explice experienţele. Dacă cei mici nu primesc un astfel de feedback, nu pot înţelege ce li se întâmplă şi vor răspunde situaţiilor la fel ca părinţii lor, pentru că aceasta este singura metodă pe care o văd. Dacă nu există o astfel de susţinere, ei vor încerca să supravieţuiască, aşadar, cât de bine pot, şi aici intră în scenă *Protectorul*.

Unii oameni devin foarte independenţi şi refuză să primească orice — bani, sprijin emoţional, chiar şi iubire. Atitudinea aici este *dacă nu mă descurc singur, atunci sunt un ratat*. Pentru ca această rană să se vindece, modificaţi-vă experienţa devenind interdependenţi şi permiţând oamenilor să vă susţină chiar dacă pare nefiresc. Cei mai eficienţi oameni au un talent uimitor de a le permite celorlalţi să-i susţină, în timp ce-şi păstrează independenţa. Schimbă-ţi experienţa acceptând sprijin şi cadouri, bani şi iubire de la oameni. Această experienţă o să vă modifice credinţele şi nu veţi mai avea nevoie de *Protector.*

Lăsaţi să intre imaginea a ceea ce vreţi voi de la viaţă. Nimic nu este creat în exteriorul vostru dacă nu a fost mai întâi creat în interior. Începeţi să vă daţi voie să vedeţi ce v-ar plăcea să fiţi în viaţă, vizualizaţi ceea ce vreţi să vedeţi şi lăsaţi imaginile să curgă în conştientul vostru. Mulţi dintre noi îşi imaginează eşecul, nu succesul, şi astfel lăsăm să intre lucrurile nedorite.

Lăsaţi natura să facă totul pentru voi, ca totul să coopereze. Cea mai înaltă formă de cunoaştere nu este a şti cum să faci, ci *tehnica* de a face.

Lăsaţi să intre sentimentul că aveţi ceea ce cereţi şi *veţi* avea. Comportaţi-vă ca şi cum aveţi deja lucrul dorit.

Recunoştinţa îţi permite să primeşti ceea ce ai deja.

Permiteţi să intre în voi ceea ce aveţi deja. Începeţi să vă permiteţi să acceptaţi toate lucrurile pe care le aveţi deja, fiind recunoscător pentru ele. În timp ce citiţi această carte acum, vor fi mulţi oameni în lume care nu au luxul de a citi o carte şi poate nu au avut şansa să înveţe să citească. Poate nu au un loc cald în care să stea sau un acoperiş deasupra capului. Priviţi în jurul vostru şi vedeţi cât de multe lucruri aveţi deja şi lăsaţi-vă să fiţi recunoscător pentru ele.

Acum, când tu citeşti această carte, există un procent din populaţia din Cairo care locuieşte în cimitire, inclusiv copii care sunt crescuţi în cimitire, în mijlocul celor decedaţi. Când trăiam acolo, am văzut copii stând pe trotuare şi învăţând pentru examene la lumina de pe stradă. Unii dintre ei merg la universităţi şi ajung să aibă mult succes mai târziu în viaţă. De asemenea, când lucram pentru Serviciul Naţional de Sănătate britanic, am văzut mulţi copii care refuzau să meargă la şcoală şi erau trimişi la consiliere.

Exerciţiu pentru cititor

Îl puteţi face cu ochii închişi.

- *Aduceţi-vă în minte toţi oamenii pe care i-aţi ajutat şi susţinut şi permiteţi-le să vă mulţumească pentru ceea ce aţi făcut.*
- *Aduceţi-vă aminte de toţi oamenii cu care aţi avut o relaţie şi mulţumiţi-le pentru toate lucrurile bune pe care le-au făcut pentru voi.*
- *Aduceţi-vă aminte de mama voastră şi mulţumiţi-i că v-a dat viaţă şi pentru alte lucruri pe care vi le-a dat de-a lungul anilor.*
- *Aduceţi-vă aminte de tatăl vostru şi mulţumiţi-i că v-a dat viaţă şi pentru alte lucruri pe care vi le-a dat de-a lungul anilor.*
- *Aduceţi-vă aminte de cei mai apropiaţi oameni din viaţa voastră — membri ai familiei şi prieteni — şi mulţumiţi-le pentru toate lucrurile bune pe care le-au făcut pentru voi.*
- *Aduceţi-vă aminte de toate lucrurile materiale pe care le aveţi şi mulţumiţi-vă vouă pentru că aţi făcut aceste lucruri posibile.*

Când apreciem toate lucrurile bune pe care le avem în viaţă, practic ne permitem să primim *fără să dăm înapoi,* aceea este strategia *Protectorului.*

Una dintre problemele pe care le avem, în special în Occident, este că mulţi copii au ajuns să aştepte să le fie oferite lucruri şi, treptat, ajung să nu mai fie recunoscători pentru ceea ce au. Dacă nu suntem recunoscători, e posibil să nu lăsăm niciodată să apară restul de lucruri pe care le putem avea în viaţa noastră.

Permiteţi relaţiilor care vă sprijină să vină în viaţa voastră. Frica de respingere poate fi vindecată prin experienţa unei relaţii iubitoare, deşi poate dura ceva timp; însă o relaţie fără iubire poate reîntări sentimentele originale cauzate de respingere.

Lăsaţi lucrurile aşa cum sunt

Lăsaţi trecutul să fie aşa cum este. Acceptaţi trecutul şi nu negaţi nimic din el. Este ceea ce vi s-a întâmplat. Negarea trecutului va duce la o luptă împotriva evenimentelor petrecute, dar, aşa cum am spus deja, lupta împotriva trecutului înseamnă să trăim constant în pericol, ca şi cum am fi în război. Nu vom fi în pace dacă fugim mereu de durere şi urmărim fericirea.

„Nu mai pleca şi vei ajunge. Nu mai căuta şi vei vedea. Nu mai fugi şi vei fi găsit."

LAO TZU, FILOSOF MISTIC DIN SECOLUL AL VI-LEA Î.HR. ŞI AUTOR AL *TAO TE CHING*

Acesta este momentul în care facem o pauză, în care suntem goliţi şi în care suntem plini. Acesta este momentul în care îi vedem pe toţi cei care ne-au rănit şi în care îi lăsăm pe toţi să fie, pur şi simplu. Dacă lăsăm pe toată lumea să fie aşa cum este, şi ei ne vor lăsa *să fim,* pentru că nu ne vom mai gândi la ei. Duşmanii noştri sunt legaţi de noi pentru că ne ocupăm timpul cu dorinţa de a-i pedepsi. Putem avea resentimente faţă de ei şi nimic nu li se va întâmpla lor, doar nouă, dacă vom continua să trăim cu durere şi resentimente. Aceste sentimente ne pot bloca energia şi ne pot limita capacitatea de a crea ce ne dorim. A lăsa lucrurile aşa cum sunt înseamnă a ne trăi libertatea. Resentimentul faţă de oameni este dorinţa de a face dreptate cu agresivitate. Asta înseamnă că nu am fost capabili să lăsăm trecutul în urmă. A lăsa lucrurile să fie aşa cum sunt înseamnă o experienţă a expansiunii şi este o măsură a măreţiei noastre. Este o experienţă de pace şi smerenie.

Dacă lăsăm oamenii să fie în pace, şi ei ne vor lăsa să fim în pace. Actul de a lăsa să fie aşa cum sunt trebuie să înceapă cu a-i lăsa pe părinţii noştri să fie astfel. A lăsa lucrurile să fie aşa cum sunt este una dintre cele mai înalte forme de înţelepciune. Este o formă de capitulare, dar cu putere. Dacă putem lăsa lucrurile să fie aşa cum sunt şi să fim de acord cu ceea ce ni s-a întâmplat în trecut, atunci putem muta trecutul în trecut şi putem încheia situaţii neterminate. Atunci, amintirile ascunse din trecut nu ne vor mai controla acţiunile. Punând trecutul la locul său este vital pentru găsirea adevăratului nostru eu. Nu putem face acest lucru dacă rămânem legaţi de situaţii din trecut, încercând să le schimbăm conform unei soluţii posibile. Aici intră şi imaginea de sine. Provocarea este să ne lăsăm să fim exact aşa cum suntem, fără vină sau regrete. Când lăsăm limitările noastre să fie aşa cum sunt şi limitările tuturor celorlalţi să fie aşa cum sunt, atunci suntem în armonie cu însăşi viaţa.

Mulţi oameni încă sunt legaţi de un simţ al nedreptăţii faţă de ceea ce li s-a întâmplat când erau foarte mici şi merg atât de departe, până la a căuta compensare.

Întreabă-te pe cine vrei să pedepseşti? Şi de ce?

Lăsaţi lucrurile de care vă agăţaţi să fie aşa cum sunt, mai ales pedepsirea oamenilor pentru ceea ce ţi s-a întâmplat ţie. *Lăsaţi* în trecut ceea ce s-a întâmplat între voi şi părinţii voştri. A venit timpul să nu mai folosim alţi oameni şi pe părinţii noştri ca motiv pentru eşecurile noastre.

Daţi-vă voie să creşteţi observând cum a fost creat *Protectorul* vostru şi cum a permis să se întâmple unele lucruri şi cum le-a promovat pe altele. Meritaţi să fiţi eliberaţi de limitările pe care vi le-aţi pus.

Trebuie să fiţi foarte atent aici deoarece, pentru a face acest lucru, nu trebuie să ignoraţi durerea şi suferinţa, mânia şi frica. Veţi ajunge să vă daţi seama de cele menţionate mai sus după ce aţi permis acestor sentimente să vină şi să plece, altfel veţi fi în starea de negare, pretinzând că sunteţi o fiinţă spirituală şi perfect capabilă să ierte pe toată lumea şi orice.

Exerciţiu pentru cititor

- *Închideţi ochii şi amintiţi-vă oamenii care v-au rănit sau v-au provocat.*
- *Vorbiţi cu fiecare în parte. Când sunteţi faţă-n faţă, spuneţi-i fiecăruia: „Te las să fii aşa cum eşti şi astfel las partea din mine care este ca tine să se vindece".*
- *Inspiraţi adânc şi apoi expiraţi.*
- *De fiecare dată când vorbiţi cu unul dintre aceşti oameni, lăsaţi-i pe cei care v-au rănit să fie aşa cum sunt — nu este nevoie să le transmiteţi ură, să le doriţi durere şi nici să simţiţi iubire.*
- *Eliberaţi-vă complet de orice.*
- *Predaţi-vă complet golului din voi.*
- *Permiteţi-vă să fiţi critic cu voi înşivă.*
- *Lăsaţi lumea să fie aşa cum este şi să facă ce vrea prin intermediul vostru.*
- *Lăsaţi totul din viaţa voastră să fie aşa cum este.*
- *Lăsaţi-vă să fiţi aşa cum sunteţi.*

- *Lăsaţi totul să fie aşa cum este.*
- *Lăsaţi trecutul vostru să fie aşa cum a fost.*
- *Lăsaţi deciziile trecute să fie aşa cum au fost.*
- *Lăsaţi lumea să fie aşa cum este.*

Însăşi dorinţa de a lăsa frica *să existe* înseamnă că nu încercăm să ne schimbăm. Asta înseamnă vindecare. A vă lăsa frica să existe înseamnă că sunteţi în contact direct cu frica şi durerea voastră pe măsură ce ele se desfăşoară în voi, iar asta presupune mult curaj.

„Calea de a face este a fi."

LAO TZU

Lăsaţi lucrurile să treacă, renunţaţi

Dacă ceva nu funcţionează în viaţa noastră — cum ar fi o relaţie, munca, un proiect sau o prietenie şi această situaţie devine o povară sau cauzează mult stres —, atunci acestea sunt semnale că nu este chiar ceea ce ne-am dorit. Noi doar credem că o dorim, pentru că ne este frică să-i dăm drumul. Viaţa ne va susţine mereu să obţinem ceea ce ne dorim şi nu ceea ce *credem* că ne dorim. Nu vă fie frică să daţi drumul oricărui lucru să plece din viaţa voastră.

„Unii dintre noi cred că a ne agăţa de lucruri înseamnă să fim puternici, dar, uneori, eşti mai puternic când renunţi la anumite lucruri."

HERMAN HESSE (1877–1962), ROMANCIER, PICTOR ŞI POET ELVEŢIAN DE ORIGINE GERMANĂ

Nu *renunțăm la lucruri*, pentru că ne este frică de pierdere, ne este frică de situația în care ceva ne părăsește. Din nou, acestea sunt amintiri ascunse din trecut care revin în prezent și ne influențează viețile. Din păcate, dacă nu renunțăm la lucruri, nu suntem liberi de a obține ceva nou. Dacă mai sunt și alte persoane implicate, atunci le ținem prizoniere alături de noi. Dacă situația se sfârșește prin plecarea lor, atunci este posibil să obținem exact ceea ce nu ne dorim. Acesta este un alt aspect al *Protectorului* nostru, care nu vrea ca noi să ne simțim respinși și de aceea ține în viața noastră oameni de care nu mai avem nevoie.

Trebuie să dăm drumul lucrurilor, să le lăsăm să plece, în ideea că universul ne va oferi mereu ceea ce avem nevoie când eliberăm un spațiu în noi pentru apariția a ceva nou.

Dacă poți accepta ceea ce ești cu adevărat și crezi că nimic din tine nu trebuie să fie perfect, mai bun sau mai puternic, vei experimenta un mod de viață cu totul nou. Prin urmare, acceptarea trecutului înseamnă *a-l lăsa să fie așa cum este și a ne despărți* de el.

Uneori găsim dificil să ne *despărțim* de ceva, pentru că nu putem accepta ceva nou. Motivul este că am investit atât de mult timp și energie în modelul realității create de noi. Însă, dacă nu ne acceptăm trecutul, vom fi controlați de ceea ce nu putem accepta. Dacă intenționăm să ne schimbăm, să nu ne concentrăm pe *trebuie să mă schimb, trebuie să mă schimb*, deoarece ne vom bloca și mai mult. Trebuie să acceptăm nu doar ceea ce ne înconjoară și ceea ce a creat acest mediu, ci și durerea și fricile ce le însoțesc.

Este posibil ca *Protectorul* să nu ne accepte, dar noi îl putem accepta, iar transformarea apare exact în momentul în care accepăm ceea ce ni s-a întâmplat în trecut, fără dorința de a schimba ceva. Asta înseamnă că trebuie să fim de acord cu viața *așa cum este* și *așa cum a fost.* Motivele pentru care nu eram de acord cu viața *așa cum este* provin din faptul că, atunci când am trecut prin experiențele dureroase copii fiind, nu puteam fi de acord cu ceva dureros. Pur şi simplu, nu înţelegeam. Pentru unii, durerea este prea greu de suportat, iar acceptarea ei pare imposibilă, dar nu vor fi capabili să se detaşeze de nimic din ceea ce nu pot accepta sau a cărei nedreptate nu o pot înţelege.

„Un om este bogat direct proporţional cu numărul lucrurilor de care îşi permite să se despartă.“

HENRY DAVID THOREAU (1817–1862),
AUTOR ŞI POET AMERICAN

Cât timp petreci încercând să păstrezi ceea ce nu-ţi mai aparţine? Niciodată nu trebuie să ne fie frică să ne *eliberăm* de ceva. Tot ceea ce avem în această viaţă, acum, nu va mai fi al nostru într-o bună zi.

Detaşaţi-vă de relaţiile trecute

Acesta este unul dintre cele mai dificile lucruri pentru anumiţi oameni. Dacă sunteţi dispuşi să vă asumaţi riscul, uitaţi-vă la toate lucrurile pe care le-aţi păstrat din relaţiile trecute — cum ar fi poze, scrisori şi daruri — şi aruncaţi-le. Dacă nu faceţi asta, nu va fi loc în viaţa voastră pentru o altă relaţie.

Detaşaţi-vă de oameni

Cine este în viaţa voastră în acest moment şi nu vă mai ajută cu nimic, iar compania lor vă deprimă? Sunt şi ei oameni buni, dar nu neapărat oamenii de care aveţi nevoie în jurul vostru pentru a vă spijini şi a vă înălţa sufleteşte, aşa că, să nu vă fie frică să-i lăsaţi să plece. Altfel veţi descoperi că îi vreţi în jurul vostru pentru că aveţi nevoie să fiţi un personaj necesar, de care ceilalţi au nevoie, la rândul lor. Renunţaţi la dorinţa de a pedepsi oamenii pentru ceea ce v-au făcut vouă sau altora.

Detaşaţi-vă de bani

Daţi bani şi veţi constata că veţi avea mai mulţi.

Detaşaţi-vă de obiecte

Detaşaţi-vă de toate obiectele din casa voastră de care nu mai aveţi nevoie şi pe care le-aţi cărat cu voi dintr-o casă în alta. Atunci veţi începe să trăiţi sentimentul că meritaţi lucruri noi. Dacă nu curăţaţi ce este vechi, noul nu poate pătrunde în viaţa voastră.

Dacă aveţi haine pe care nu le mai purtaţi deloc, daţi-le mai departe. Repet, veţi trăi sentimentul că meritaţi o nouă garderobă, iar după dispariţia garderobei vechi, veţi avea loc pentru cea nouă.

Detaşaţi-vă de imaginea falsă pe care Protectorul *vostru încearcă s-o păstreze.*

Renunţaţi la a vă face griji pentru ceea ce cred ceilalţi despre voi.

Renunţaţi la dorinţa de a avea dreptate mereu.

Renunţaţi la măsurarea valorii voastre pe baza succeselor obţinute.

Renunţaţi la căutarea iubirii.

Renunţaţi să vă mai comparaţi cu ceilalţi.

Renunţaţi la a le mai face oamenilor pe plac.

Renunţaţi la suferinţă.

Renunţaţi la dorinţa de a schimba lumea.

Lăsaţi lucrurile să vină spre voi, lăsaţi-le aşa cum sunt, detaşaţi-vă de ele

Dacă presupunerile, reacţiile şi credinţele noastre se bazează pe experienţa trăită, atunci trebuie să schimbăm aceste experienţe pentru a ne modifica reacţiile.

A lăsa lucrurile să vină spre voi, a le permite să fie aşa cum sunt şi a vă detaşa de ele vor crea experienţe noi, opuse credinţelor şi deciziilor pe care vi le-aţi programat. Ele nu vor mai ţine cont de convingerile care vă subminează, pentru că sunt rezultatul unor amintiri care, cel puţin până acum, v-au limitat viaţa. Pe scurt, ele sunt sentimente provenite din experienţe aflate în memoria inconştientă, care se repetă în mod constant. Ele pot fi anulate de experienţe şi amintiri noi.

Capitolul 7

Vindecarea este un proces, nu o metodă

Protectorul *nostru este o lentilă prin care percepem realitatea. Şi când privim lumea prin personajul nostru protector, vederea noastră este modificată sau distorsionată.*

Personajul nostru protector vede lumea prin intermediul amintirilor ascunse şi al convingerilor noastre. De fapt, acesta este o personalitate falsă, ataşată la evenimentele din trecut, iar dinamica lui se manifestă mai mult în relaţii decât oriunde altundeva. *Protectorul* a funcţionat, s-a adaptat şi s-a conturat prin relaţii succesive şi prin încercări disparate de a echilibra inconsecvenţele lumii din jur. El este ca o pastă modelatoare care se poate modifica şi schimba în mod constant. Majoritatea conflictelor din relaţiile noastre şi cele pe care le avem cu lumea, în general, sunt determinate de percepţia distorsionată a *Protectorului* asupra realităţii.

Interacţionăm cu ceea ce vedem în jurul nostru prin intermediul *Protectorului.* El este masca în spatele căreia ne ascundem. Masca filtrează realitatea conform percepţiilor noastre şi felului în care ne-au transformat experienţele şi condiţionarea iniţială.

Interpretarea noastră asupra lumii este bazată pe presupuneri şi convingeri şi nu ştim dacă ele există în realitate. Pentru că nu suntem în stare să conştientizăm puterea lor, suntem limitaţi de reacţiile *Protectorului* nostru. Cu alte cuvinte, putem fi bruiaţi în orice moment şi, când se întâmplă asta, trăim inconştient, nu conştient.

Cum începe transformarea

Călătoria noastră începe prin asimilarea ideii că *Protectorul* reprezintă limitele noastre. Abia apoi putem începe să ne dăm seama că este posibil să ne transformăm viaţa şi modul în care vedem lumea. Într-adevăr, avem responsabilitatea de a face acest lucru dacă dorim să trăim în conformitate cu ceea ce suntem noi de-adevăratelea — mai exact, conştient în prezent, şi nu în trecut.

Protectorul anticipează ce ni se va întâmpla în viitor (pe baza presupunerilor noastre legate de trecut) şi, prin urmare, poate sabota în mod repetat eforturile noastre de a fi eficienţi în fiecare relaţie şi interacţiune.

El creează modelul nostru de realitate şi harta cu ajutorul căreia navigăm prin viaţă. Cu cât punem mai multe puncte pe harta noastră, cu atât ne simţim mai în siguranţă. E ca şi cum suntem protejaţi de o fortăreaţă invizibilă. Pentru unii oameni, viaţa a devenit ca traiul într-o astfel de cetate închisă, anticipând mereu dezastrul şi durerea.

Dar unde se află duşmanul, cine şi ce este el?

Duşmanul este trecutul care încă trăieşte în prezent prin *Protectorul* nostru. Acest fel de a ne duce existenţa ne spune că viaţa însăşi a devenit o stare constantă de asediu. Acestea fiind spuse, trebuie să acceptăm existenţa *Protectorului* nostru cu bunătate şi înţelegere, pentru că, de fapt, el încearcă doar să ne ajute să supravieţuim în această lume. Alegerile lui au fost bune în momentele în care nu am avut altele la îndemână, dar acum nu mai suntem în pericol, iar războiul s-a încheiat. Nu mai avem nevoie de protecţie sau de o fortăreaţă. *Protectorul* nostru este prea conştient de durere şi de aceea găseşte modalităţi ingenioase de a evita suferinţa şi frica, pentru a ne proteja de neplăceri şi dezamăgiri, în viitor.

Protectorul face toate astea înainte ca noi să avem şansa de a procesa sau de a alege dintr-o poziţie neutră. El prezice ceea ce ni se va întâmpla şi, de asemenea, prevede comportamentul altor oameni faţă de noi. De exemplu, dacă ne certăm cu cineva, vom descoperi că ştim deja cum vom răspunde chiar înainte să auzim ce are de spus cealaltă persoană. În acest scenariu, putem ajunge să ne regretăm reacţiile, chiar dacă o parte din noi nu recunoaşte că am făcut o greşeală.

Trebuie să investigăm şi mai profund felul în care au ajuns aceste convingeri ancorate în creierul nostru, în ce fel ne controlează şi cum se manifestă în interacţiunile zilnice cu ceilalţi. De asemenea, trebuie să analizăm şi cum aceste convingeri şi amintiri interacţionează cu viaţa noastră şi o modelează, generând comportamente care, deseori, sunt în contradicţie cu intenţiile noastre.

Am început o călătorie pentru a înţelege relaţia dintre conştiinţa de sine, experienţele noastre şi felul în care este organizat creierul uman, precum şi modul prin care încercăm să reacţionăm mereu, pe baza experienţelor trecute, în lumea aflată în prezent într-o permanentă schimbare. Diferenţele dintre modelul nostru despre realitate şi lumea reală sunt compartimentate şi filtrate de *Protector*.

Multe poveţe ne spun să trăim în prezent, şi nu în trecut. Cu toate astea, noi avem nevoie să revenim în trecut, la momentul în care zonele cerebrale responsabile de organizarea memoriei nu erau funcţionale pe deplin. Rănile din primii ani de viaţă sunt încă deschise şi proaspete, deoarece creierul nu avea abilitatea să le înţeleagă sau să le proceseze în acel moment. În mod constant, noi ne catalogăm experienţele pentru a înţelege ce ni s-a întâmplat. Cu alte cuvinte, căutăm tot timpul concluzii şi conexiuni pentru a descifra ceea ce nu puteam înţelege. Prin urmare, construim tipare de corelare a situaţiilor pentru a ne simţi în siguranţă când ştim ce ni se întâmplă. Însă mintea nu trebuie să se bazeze pe niciun tipar sau pe concluzii preexistente. Deseori, căutăm logica evenimentelor pentru a ne simţi în siguranţă, cercetând trecutul şi căutând în el modele cunoscute. Trebuie să renunţăm la acest comportament.

Înţelegerea forţelor noastre de energie

Creierul se comportă ca un instrument de primire, stocare şi comunicare pentru ceea ce împărtăşim noi toţi. Există o interacţiune constantă în orice experienţă şi suntem înconjuraţi de mentalul celorlalţi, aşa cum suntem înconjuraţi de lumea fizică. Majoritatea reacţiilor şi gândurilor noastre sunt modelate de fiecare dintre cei cu care interacţionăm şi, în acest mod, ne experimentăm pe noi în relaţia cu ceilalţi.

Interacţiunile constante dintre noi toţi creează forţe energetice. Aceste forţe sunt rezultatul tuturor informaţiilor pe care le transmitem şi sunt codificate constant în creierul nostru. Oamenii care sunt cei mai importanţi pentru noi au cel mai mare impact asupra noastră şi ne pot influenţa chiar şi mediul. Chiar şi interpretarea constantă pe care *Protectorul* nostru o are despre lume ne permite să participăm la crearea unui câmp de informaţie în jurul nostru, pe care îl împărtăşim cu toţi ceilalţi. Această energie împărtăşită nu este localizată în creierul uman. El primeşte semnale de la toţi cei din jurul nostru, le interpretează şi construieşte un model. Puteţi observa acest lucru când călătoriţi în alte ţări din modul similar în care oamenii trăiesc şi interacţionează unii cu alţii. Lucrurile stau aşa, pentru că ei se află într-un câmp energetic alcătuit din toate forţele de interacţiune, din convingeri şi presupuneri. Din acest motiv este imposibil să modifici o cultură din exterior.

Protectorul nostru reacţionează la sentimentele profunde pe care le-am avut în trecut şi noi încercăm să găsim modalităţi prin care să fim mai fericiţi şi mai eficienţi. Dar nu putem să ne gândim sentimentele, trebuie să le simţim. Senzaţiile ne permit să accesăm senzaţii şi fiecare nivel de conştiinţă de sine (sentimente, gânduri, simţuri) contribuie la propria sa conexiune.

Prin urmare, când retrăim sentimentele asociate cu o persoană sau un eveniment cu conştiinţa nouă din prezent, ne dăm seama că suntem în siguranţă acum. Aşa are loc procesul de vindecare, iar noi ne putem accepta experienţele dureroase din trecut şi le dăm treptat uitării. Pentru a face asta, trebuie să reflectăm mult asupra vieţii noastre, să înţelegem experienţele dificile din copilărie şi evenimentele din trecut, lucru imposibil atunci când eram copii. Acum avem abilitatea de a ne folosi gândirea matură pentru a accesa acea etapă din trecut în care creierul nostru nu era complet dezvoltat şi pentru a ajung la acele emoţii nerezolvate. E ceva ce nu se poate întâmpla prin cuvinte şi explicaţii, din moment ce nu putem accesa experienţele preverbale în acest mod. Misiunea noastră nu este să ne folosim mintea în mod analitic, pe baza presupunerilor şi teoriilor anterioare, ci doar pentru a înţelege cum ne-au influenţat ele prezentul. Cu iubire profundă şi obiectivitate, este posibil să ne detaşăm de ceea ce s-a întâmplat şi să lăsăm trecutul să fie trecut, nu prezentul fiecărui moment actual.

Nu trebuie să ne fie frică de călătoria înapoi în timp, într-un mod conştient (cu susţinerea oferită de raţiune), deoarece am retrăit deja aceste experienţe din trecut de multe ori în viaţa noastră, în mod inconştient. Singura cale de a pătrunde un lucru este străbătându-l, nu înconjurându-l. În acest fel, preluăm controlul asupra trecutului nostru, în loc să lăsăm trecutul să ne controleze el pe noi. Pentru a face asta, trebuie să fim foarte atenţi şi capabili să reflectăm, fără să ne lăsăm distraşi de reacţiile personajului nostru protector. Acest lucru ne va permite să ne conectăm cu esenţa fiinţei noastre, cu prezentul, dincolo de orice limită posibilă.

Esenţa fiinţei noastre, adevăratul nostru eu este aici şi acum

Esenţa fiinţei noastre nu este ataşată de nimic, îi conţine pe toţi; nici măcar nu are nevoie de iubire, pentru că ea este iubirea însăşi. Deseori, încercăm din răsputeri să primim iubire sau să fim iubiţi. *Protectorul* nostru ne face să credem că trebuie să căutăm dragostea încoace şi-ncolo şi să folosim tot felul de strategii pentru a aduce iubirea în viaţa noastră. Îns, aceste strategii se dovedesc de multe ori în zadar. Dacă ne dorim iubire, tot ce avem de făcut este să ne conectăm cu esenţa a ceea ce suntem noi cu adevărat. Să trăim *acum*. Esenţa fiinţei noastre este în interiorul nostru, aşa că nu trebuie să alergăm de colo-colo pentru a găsi iubirea în afara noastră. Deoarece scopul *Protectorului* este să evite durerea, el caută iubire şi confort şi, în consecinţă, se luptă, se chinuie şi manipulează pentru a o obţine. În felul acesta, ajungem să pierdem din vedere faptul că iubirea este deja în interiorul nostru, în esenţa fiinţei noastre. Doar ea este capabilă să fie martoră la desfăşurarea poveştii nostre de viaţă şi a provocărilor de care avem parte fără a reacţiona.

Iubirea este atât de vastă, încât cuprinde şi tolerează totul. Drept dovadă, amintiţi-vă de un moment în care iubeaţi şi aţi simţit că sunteţi iubit profund de cineva. Aţi iubit indiferent de ceea ce făcea cealaltă persoană, pentru că voi eraţi în deplină legătură cu esenţa fiinţei voastre, trăind în prezent şi nimic altceva nu conta; însă, în momentul în care aţi început să nu vă mai simţiţi în siguranţă şi iubiţi, aţi început totodată să judecaţi totul în legătură cu celălalt, să reacţionaţi la relaţiile din trecut şi la situaţiile în care aţi fost respinşi, aducându-le în relaţia curentă.

Tot ceea ce avem de făcut este să ne observăm reacţiile la ceea ce ne-au făcut ceilalţi în trecut şi să fim martorii acestor evenimente, fără să judecăm pe nimeni, nici pe noi, şi fără să ne dorim ca lucrurile să fi stat altfel. Dorinţa ca lucrurile să fi fost diferite înseamnă o încercare de a aduce convingeri din trecut în prezent. Trăiţi cu toate lucrurile aşa cum sunt ele. Acceptaţi-vă aşa cum sunteţi, pentru că esenţa fiinţei noastre este ceea ce suntem noi, de fapt, iar *Protectorul* ne separă de ea. Ne pierdem sinele adevărat atunci când persoana cu care interacţionăm ne modelează reacţiile şi felul de a gândi. În acest mod ne experimentăm pe noi. Credem că asta este ceea ce suntem. De fapt, este cea mai mare iluzie creată de personajul nostru protector. Dorinţa *Protectorului* de a ne asigura supravieţuirea ne îndepărtează de prezent şi ne face să trăim ca şi cum am fi încă în trecut.

Compasiunea se trezeşte, dar nu cu forţa şi nici nu poate fi învăţată

Probabil creierul nostru nu este capabil să conceapă ideea că suntem toţi o singură entitate, nu indivizi separaţi. În momentul prezent, în esenţa fiinţelor noastre, noi suntem un tot unitar. Este necesară o schimbare a conştiinţei pentru a putea asimila faptul că este un proces al vieţii noastre cel în care transcendem toate judecăţile, comparaţiile, experienţele din trecut, ce ne-au făcut ceilalţi şi ajungem să trăim cu compasiune pentru călătoria noastră şi pentru toţi oamenii din jurul nostru şi din lume.

Priviţi-i pe cei din jurul vostru cu compasiune şi întrebaţi-vă ce anume din interiorul lor le dă viaţă? În acelaşi timp, întrebaţi-vă cine i-a separat pe aceşti oameni de voi? Răspunsul este: creierul vostru, convingerile voastre, religia şi cultura voastră.

Trebuie să fim dispuşi să fim nimic, lipsiţi complet de imagine. Capitularea deplină este preţul adevăratei libertăţi şi este un preţ care, cu siguranţă, merită plătit. Există un paradox aici şi anume că, dacă o persoană se pierde pe sine, îşi va pierde şi *Protectorul.* Doar atunci va putea să se regăsească pe sine. Esenţa fiinţei noastre nu a fost născută, prin urmare ea nu va muri. Ea este fiecare dintre noi în acelaşi timp şi, prin compasiune şi observaţie constantă a călătoriei noastre şi a celorlalţi, putem descoperi locul acela care conţine lumea întreagă. Din cauză că *Protectorul* este motivat de frică, se va agăţa de spaima noastră de separare. Aşadar, ne va fi frică de pierdere, de moarte şi de orice ne dă sentimentul că ne separăm de ceilalţi. Acest lucru este greu de acceptat, mai ales dacă asistăm la frământări, agresivitate şi nedreptate în lume. Însă, dacă suntem dispuşi să căutăm în profunzime, vom descoperi că toate actele de agresiune şi nedreptate sunt parte din noi, la fel cum este şi iubirea.

Epilog
O călătorie fără destinaţie

Protectorul *este o parte a procesului nostru de trezire.*

Amintirile noastre din trecut şi din copilărie se dezvăluie în fiecare aspect al vieţii noastre. Aproape că sunt scrise pe feţele noastre şi exprimate prin vocea şi acţiunile noastre. Putem vedea cum convingerile noastre derivă din primii noştri ani de viaţă şi cum au fost influenţate de relaţia cu părinţii şi de câmpul energetic colectiv al oamenilor în mijlocul cărora am trăit. Am învăţat să supravieţuim parcurgând generaţii întregi de condiţionări. În mod inconştient, definim ceea ce suntem prin reacţiile şi interacţiunile pe care le avem în cadrul relaţiilor noastre. Am dezvoltat un personaj despre care credem că reprezintă ceea ce suntem noi cu adevărat. Am trăit în acest personaj protector condiţionat — *Protectorul* nostru — ca şi cum am fi fost în transă. Acum călătoria implică folosirea *Protectorului* ca pe un vehicul către propria trezire.

Protectorul a fost important pentru a ne asigura supravieţuirea şi pentru a ne feri de repetarea experienţelor dureroase din trecut sau de frica de a nu fi iubiţi sau de a fi privţi ca nişte intruşi. Însă, pe măsură ce înaintăm în vârstă, devenim mai înţelepţi şi vedem lumea cu alţi ochi. Viitorul nu a sosit încă şi nici nu ştim cum ne vom simţi când acest lucru se va întâmpla. Călătoria finală are legătură doar cu timpul prezent. Niciun moment nu este la fel cu cel dinaintea lui. Viaţa noastră este conectată cu trecutul asemenea curgerii unui râu şi aşa cum spune faimoasa afirmaţie a filosofului grec Heraclit:

„Nu putem păşi în acelaşi râu de două ori, apele lui au curs deja". Toate evenimentele din viaţa noastră au trecut deja şi continuă să se mişte mai departe. Nu mai sunteţi în acelaşi punct ca atunci când aţi început să citiţi această carte sau chiar această frază.

Creierul nostru vrea să rămână legat de trecut şi creează tipare de reacţie (*Protectorul* nostru) cu o puternică dorinţă de a ne perpetua reacţiile faţă de un trecut care nu mai există. El este programat să facă asta pentru a ne proteja de evenimente viitoare care vor repeta ceea ce s-a întâmplat înainte. Este foarte tentant să revenim în trecut, deoarece fără el nu ştim cine suntem. Ne identificăm cu trecutul nostru şi nu putem suporta să fim goi, să nu reprezentăm nimic, aşa că devenim un mănunchi de amintiri care nu se mişcă în ritmul vieţii.

Permiteţi-i cursului vieţii să vă poarte în curgerea ei asemănătoare unui râu care vrea să ajungă la ocean, către destinul vostru. Priviţi-o ca şi când aţi fi o frunză plutind pe apa curgătoare. Dacă viaţa vă prinde cu provocările ei şi ajungeţi să fiţi purtat de ea, atunci urmaţi pur şi simplu cursul râului — nu încercaţi să înotaţi împotriva curentului. Râul vă va duce la destinaţia potrivită. Toată suferinţa noastră provine de fapt din incapacitatea noastră de a lăsa viaţa să-şi urmeze cursul ei firesc.

Cereţi ceea ce vă doriţi, apoi permiteţi-i vieţii să vă ofere acel lucru. Ea vă va susţine să obţineţi ceea ce vreţi cu adevărat — nu ceea ce credeţi voi că vreţi.

Nu putem opri mişcarea vieţii şi nu putem pune stop procesului de îmbătrânire. Nu putem opri zilele, nopţile, dimineţile şi serile. Aceste evenimente nu sunt separate. Ele sunt doar mişcări, asemenea celor pe care le face râul care curge spre mare.

Tot astfel, dacă priveşti un embrion, vei vedea că se schimbă constant. Începe cu o celulă care se divide în două, apoi în patru şi, în final, se dezvoltă prin mişcarea biologică a universului şi nimic nu poate opri acest proces. Putem încerca să înotăm împotriva curentului şi să evităm ceea ce nu se poate evita, să ne opunem la ceea ce se întâmplă sau la ceea ce ne-au făcut alţi oameni. Sau putem îmbrăţişa direcţia şi curgerea râului vieţii şi putem accepta locul în care fiecare vrea să se afle şi să-i lăsăm să fie în locul acela. Astfel, îi permitem râului vieţii să ne poarte. Puterea râului este puterea destinului nostru în viaţă. Apoi putem să ne conectăm şi cu puterea din spatele destinului nostru, care este cel mai mare mister al acestei vieţi, asemenea oceanului imens.

Întrebările pe care ar trebui să ni le punem sunt: pot eu să fiu cu mintea goală şi liniştită şi cu inima deschisă în cele mai dificile momente ale vieţii mele? Pot să rămân într-o stare de observare necondiţionată a tuturor evenimentelor prin care am trecut? A-ţi observa viaţa care curge ca un râu înseamnă totodată şi a observa modul în care funcţionează *Protectorul* nostru şi felul în care ne limitează. Pot eu oare să-mi dau seama că *Protectorul* este ataşat de trecut şi de felul în care încearcă să facă aceleaşi lucruri ca înainte? Că trăieşte în reacţiile din trecut în conformitate cu situaţiile trecute, nu cu cele care se desfăşoară acum? Dacă mă aflu în această stare destul de mult timp, s-ar putea să văd o lumină care nu pâlpâie în faţa fricii, durerii sau grijilor pentru supravieţuire.

În fiecare dintre noi există o lumină ascunsă de experienţa durerii şi a fricii. A venit momentul să acceptăm evenimentele dureroase şi să nu mai fugim de ele. Aceştia sunt paşii de o importanţă crucială pentru a ne trezi esenţa a ceea ce suntem noi cu adevărat. Este mai important să ne vedem propria lumină decât pe a celorlalţi, întrucât esenţa fiinţei noastre este înţelegerea noastră personală, care nu are nevoie de lecţii sau metode.

Această călătorie nu este despre cum să lupţi sau să înveţi să ajungi la esenţa fiinţei tale şi nu este nici o pregătire pentru momentul în care poţi fi liber, iluminat sau spiritual. Când vine momentul în care putem accepta totul, cu toţii vom iubi chiar şi acele lucruri care sunt dezgustătoare, rele, plictisitoare sau nebuneşti şi le *vom vedea aşa cum sunt,* acceptându-ne în acelaşi timp trecutul, indiferent cât de dureros ar fi, pur şi simplu pentru că vrem să-l îmbrăţişăm (nu din dorinţa de a fi spiritual sau mai bun). Acesta este modul în care esenţa noastră experimentează totul.

Esenţa a ceea ce suntem cu adevărat nu este în acord sau dezacord cu nimic din ce ni s-a întâmplat în viaţă. Ea nu se leagă de convingeri sau concluzii în legătură cu cine suntem. Dacă trăim cu mintea liniştită şi inima deschisă, putem lăsa totul să se desfăşoare aşa cum este. Doar atunci vom înceta să încercăm să jucăm un rol în teatrul vieţii pentru ceilalţi. Vom descoperi adevărata persoană care nu are imagine şi toate reacţiile noastre se vor naşte din iubire, nu din teamă. Dacă reacţionăm din frică, atunci o vom cultiva mereu şi o vom arăta indiferent cât de mult vom încerca să o ascundem. Conştiinţa noastră va emana frica sub forma personajului protector.

Această carte a ajuns la final, şi dorinţa mea este ca voi să fiţi capabili să vă însuşiţi ceea ce a fost prezentat aici, adică să puteţi ajunge la înţelegerea profundă a călătoriei voastre prin viaţă şi, de asemenea, să înţelegeţi călătoria părinţilor voştri şi călătoria întregii omeniri. Să puteţi avea curajul să staţi pe picioarele voastre, singuri, cu smerenie, cu mintea liniştită şi inima deschisă. Să vă priviţi călătoria cu compasiune faţă de orice lucru, aşa cum se petrece el, faţă de toţi ceilalţi, aşa cum sunt ei, în fiecare moment şi fiecare situaţie a vieţii voastre.

Ori de câte ori întâlnim pe cineva, trebuie să ne amintim că esenţa fiinţei noastre este momentul de linişte de dinainte de a reacţiona — el este adevărata acţiune. În felul acesta, vom vedea că putem alege să aducem ceva diferit în viaţa noastră şi în vieţile oamenilor din jurul nostru. Alegerea este între a fi complet lipsit de orice concluzie, idee, credinţă sau critică, având inima deschisă sau a rămâne legat de convingerile şi aşteptările *Protectorului* nostru.

„Mintea omului perfect arată ca o oglindă — ceva ce nu se apleacă înainte sau înapoi ca reacţie la lumea din jur. Ea răspunde lumii, dar nu ascunde nimic din ceea ce este. Prin urmare, este capabilă să interacţioneze cu lumea, fără să simtă durere de orice fel."

SUN TZU, GENERAL CHINEZ DIN SECOLUL AL VI-LEA Î.HR. ŞI AUTOR AL CĂRŢII *ARTA RĂZBOIULUI*

Nu este nevoie să te prefaci că eşti spiritual sau înţelept. Înţelepciunea nu apare pentru că o căutăm sau pentru că am citit despre ea într-o carte. Ea se dezvoltă ca urmare a provocărilor multiple pe care le înfruntăm în timpul vieţii, a modului în care am rezistat în trecut şi am capitulat, cu putere şi nu din slăbiciune. De asemenea, se bazează pe modul în care înfruntăm realitatea trecutului nostru şi ne păstrăm poziţia, adoptând o stare neutră, între bine şi rău. Căutarea spiritualităţii este o iluzie adoptată pentru a evita asumarea responsabilităţii în viaţa de zi cu zi.

Nu există nicio situaţie sau provocare în viaţă de care trebuie să ne eliberăm, cu excepţia a ceea ce suntem noi înşine. Noi suntem închisoare şi prizonier. Odată ce înţelegem asta, suntem liberi. Pentru *Protectorul* mecanic, care este construit pentru a reacţiona, este foarte dificil să înţeleagă că toţi suntem unul şi că esenţa fiinţelor noastre este una. Modul în care funcţionăm în lume depinde complet de poziţia pe care o adoptăm şi dacă suntem pentru sau împotriva cuiva sau a ceva. Iar dacă nu optăm pentru nimic, dacă nu avem nicio opinie sau presupunere, atunci nu este nevoie să avem niciun fel de poziţie pentru a ajunge la o concluzie.

Când ne înclinăm în faţa realităţii, înţelepciunea se va naşte din provocările prin care trecem în viaţă. Vom înfrunta consecinţele acţiunilor noastre cu iubire.

Întregul mister al universului se află în fiecare dintre noi, pentru că se desfăşoară constant prin expresia fiinţei noastre meditative, prin faptul că orice vedem este o imagine proiectată a ceea ce suntem cu adevărat. În tot ceea ce spunem sau facem vibrează misterul universului. Dacă privim în oglinda realităţii, vom vedea că locul în care ne aflăm acum este destinaţia călătoriei noastre de până acum. Suntem atât de mari sau mici pe cât credem că suntem şi pentru a ne transforma visurile în realitate trebuie să ne amintim cine suntem în fiecare clipă. Câtă vreme suntem sinceri cu noi înşine, ne vom vedea cele mai adânci visuri proiectate în univers. Nu există nicio distanţă de străbătut, pentru că noi suntem călătoria şi destinaţia.

Dacă trăim în deplină concordanţă cu esenţa fiinţei noastre, nu vom mai reacţiona mecanic la situaţiile din viaţă şi abia atunci călătoria nu va mai fi despre idei şi cum să le aplicăm în viaţă; va fi despre cum să acceptăm şi să asimilăm toate aspectele care ne definesc cu o profundă compasiune.

Găsirea modalităţilor prin care să ne vindecăm trecutul şi amintirile ascunse şi să ne eliberăm vieţile, găsirea căilor prin care să ajungem să trăim în concordanţă cu ceea ce suntem noi cu adevărat ne vor ajuta să nu mai reacţionăm în mod mecanic, programaţi dinainte la situaţiile cotidiene. Doar atunci călătoria nu va mai fi despre ce şi cum să facem în viaţă. Ea va fi despre acceptare şi înţelegere.

Cuvinte de încheiere

În fiecare moment al vieţii noastre, în fiecare interacţiune cu fiecare persoană, esenţa fiinţei noastre se trezeşte prin conştientizare şi compasiune, nu forţată de cunoştinţe şi pregătiri.

Alte lecturi şi resurse recomandate

Berlin, Heather A. şi Koch, Christof, *Defense Mechanisms: Neuroscience Meets Psychoanalysis, Scientific American Mind,* aprilie 2009

Chamberlain, David B., *The Mind of Your Newborn Baby*, North Atlantic Books, 1998

Kalin, Ned H., *The Neurobiology of Fear, The Hidden Mind, Scientific American Mind,* special edition 2002

LeDoux, Joseph E., *Emotion, Memory and the Brain, The Hidden Mind, Scientific American Mind,* ediţie specială 2002

Interviu cu Peter Levine, de Victor Yalom şi Marie-Helene Yalom, 2010; www.psychotherapy.net/interview/Interview_Peter_Levine

Mukerjee, Madhusree, *Hidden Scars: Sexual and Other Abuse May Alter a Brain Region, Scientific American Mind,* octombrie 1995

Parker, Randall, *Brain Scans Show Rejection Causes Pain Similar to Physical Pain, Biological Mind,* 14 octombrie 2003; www.futurepundit.com/archives/001708.html

Penfield, Wilder, *The Mystery of the Mind: A Critical Study of Consciousness and the Brain,* Princeton University Press, 1975

Verny, Thomas şi Kelly, John, *The Secret Life of the Unborn Child,* Sphere Books Ltd, 1982

Procesul Essence

Inima este primul organ care se formează atunci când suntem în uter. Ea este centrul nostru, locul în care se află ESENŢA fiinţei noastre. Cu aproximativ trei luni înainte de naştere, începem să devenim fiinţe cu reacţii, CONŞTIENTE. Prima noastră reacţie la siguranţa sau nesiguranţa lumii absoarbe şi reflectă mediul din interiorul mamei noastre. Dacă mama a trăit experimente nefericite, atunci aşa luăm cunoştinţă de lume, ca fiind un mediu nesigur. Acest lucru provoacă prima noastră reacţie la experienţele DUREROASE. Nu putem înţelege durerea la această vârstă, putem doar s-o simţim.

În primii ani de după naştere, această reacţie la durere poate deveni mai puternică dacă mediul nostru, lumea din jur este tot nesigură, dacă simţim că nu suntem iubiţi sau dacă trăim momente dificile pe care nu le putem înţelege. FRICA este reacţia naturală, stratul care se formează pentru a ne proteja de aceste sentimente dureroase. Deseori, se formează şi un comportament de reacţie cu rol de apărare (PROTECTORUL) pentru a ne proteja de sentimentele de frică — cu cât este mai puternică frica, cu atât este mai puternică reacţia de apărare. Toate aceste straturi înlănţuie esenţa fiinţei noastre şi ascund ceea ce suntem noi cu adevărat.

Transformarea începe cu conştientizarea de sine şi compasiunea faţă de noi înşine, dându-ne posibilitatea să dezvăluim esenţa a ceea ce suntem cu adevărat şi să învăţăm să trăim din inimă, nu din durere şi frică. Esenţa fiinţei noastre este conştiinţa noastră în momentul prezent. A trăi în conformitate cu ceea ce suntem cu adevărat înseamnă a trăi conştient. Esenţa fiinţei noastre este extrem de creativă, evoluând şi mişcându-se în ritmul vieţii pentru a ne crea şi împlini visurile şi aspiraţiile, fără limitări inconştiente.

Educaţie experienţială ce creează noi posibilităţi

Procesul Essence realizează cursuri de dezvoltare personală experienţiale intense. A fost fondat în Marea Britanie în 2003 de către Dr. Menis Yousry. În ultimii treisprezece ani, Procesul Essence a organizat peste 1 500 de seminarii şi ateliere în 23 de puncte din întreaga lume. Peste 3 milioane de oameni au fost expuşi Procesului Essence prin intermediul cărţilor, al prelegerilor publice şi al interviurilor la televiziune. Procesul Essence este prezentat prin intermediul a trei niveluri foarte convingătoare de cursuri care permit participanţilor să-şi reexamineze starea mentală inconştientă ce s-a format foarte devreme în viaţă şi care le influenţează în prezent experienţele şi relaţiile. Cursul oferă experienţe alternative noi, sub forma unui instrument eficient de modificare a stării mentale interne cu scopul de a dezvolta noi posibilităţi şi cele mai mari şanse de a avea relaţii în siguranţă, naturale şi sănătoase şi succes în viaţă.

SC DR YOUSRY ESSENCE FOUNDATION ROMÂNIA SRL

Adresa de corespondenţă:
CLUJ
Cluj-Napoca
Str. Pţa Mihai Viteazul nr. 39/10

Biroul Essence România
Zsolt, Makkai - Director Essence Romania
+40-264-434175
fundatiaessence@gmail.com
http://www.essence-process.com/ro/
facebook.com/EssenceFoundationRomania
facebook.com/DrMenisYousry

Tipar: ARTPRINT
E-mail: office@artprint.ro
Tel.: 021 336 36 33